Uli Weissbrod

Erlebnis-Radtouren im Schwarzwald

Mit dem E-Bike zu den schönsten Aussichtspunkten, kulturellen Highlights und an idyllischen Flüssen entlang

J. BERG

9 Zum Wahrzeichen der Ortenau

Inhalt

Tourenüberblick 5

Vorwort 6

Faszination Schwarzwald 8

Genießertouren auf zwei Rädern 14

1 Hoch über dem Enztal 16
Zum Wildseemoor bei Kaltenbronn

2 Einmal um die Zwetschgenstadt Bühl 22
Wein und wilde Natur

3 Zwei Schwarzwaldflüsse und das Himmelsglück 28
Durchs Enz- und Nagoldtal

4 Ursprüngliches Eyachtal 34
Hier ist die Zeit stehen geblieben

5 Hornisgrinde: Gipfel der Superlative 40
Dem Himmel entgegen

6 Oberes Nagoldtal 46
Burgen, Schlösser und Ruinen

7 Calwer Klostertour 52
Den Geist Hermann Hesses spüren

8 Tour de Murg 58
Dem wilden Fluss abwärts folgen

9 **Zum Wahrzeichen der Ortenau 64**
Reichsstadt Gengenbach und Schloss Ortenberg

10 **Ganz hoch über dem Kinzigtal 70**
Aufstieg zum »Mont-Blanc-Blick«

11 **Aussichtsreiche Breitnau-Höhentour 76**
Berg- und Talfahrt nach St. Märgen

12 **Mooskopf-Tour mit Lothardenkmal 82**
Dem Jahrhundert-Sturm auf der Spur

13 **Vier-Seen-Tour 88**
Klassiker mit Spaß-Potenzial

14 **Grenzüberschreitende Bollenhut-Tour 94**
Wo Baden auf Württemberg trifft

15 **Reben- und Obstgartentour Oberkirch. 100**
Quer durch das Erdbeer-Paradies

16 **Durch das wilde Tal der Wolf 106**
Abseits ausgetretener Pfade

17 **Rund um das Kaiserstühler Herz. 110**
Rebterrassen und ein Exotenwald

3 Einmal Himmelsglück erleben

16 Durchs Land der wilden Wolf

18 **Entspannt auf dem Albtalrücken** 116

Von Teufelsküche und Gottesholz

19 **Auf den Spuren des Bonndorfer Bähnle** 120

Steigungsfrei im Schwarzwald?
Ja, das geht!

20 **Über das Schwarzwaldkleinod zum Feldbergpass** 124

Quer durchs Bilderbuchdorf
Menzenschwand

21 **Zum König der Schwarzwaldberge** 130

Der absolute Fahrrad-Gipfel

22 **Zum blauen Gipfel stromern**..... 134

Markgräfler Herausforderung

23 **Rund um den Hochfirst mit Wasserspaß** 140

Vom Titisee hinauf zum Bärental

24 **Hotzenwald-Entdeckertour** 146

Durch den unbekannten Schwarzwald

25 **Kleine Blasiwald-Runde** 152

Vom Schluchsee durch das Muchenland

Zugabe 156

Register 157

Impressum 160

Tourenüberblick

Tour											
1	●	Hoch über dem Enztal	49 km	1000 Hm	3.45 Std.	•	•	•		•	•
2	●	Einmal um die Zwetschgenstadt Bühl	32 km	1000 Hm	3.00 Std.	•	•	•			•
3	●	Zwei Flusstäler und das Himmelsglück	60 km	530 Hm	4.00 Std.	•	•	•		•	•
4	●	Ursprüngliches Eyachtal	50 km	900 Hm	4.30 Std.	•	•	•			•
5	●	Hornisgrinde: Gipfel der Superlative	36 km	860 Hm	3.00 Std.	•	•	•		•	•
6	●	Oberes Nagoldtal	46 km	350 Hm	3.30 Std.	•	•	•		•	•
7	●	Calwer Klostertour	37 km	780 Hm	3.00 Std.	•	•	•			•
8	●	Tour de Murg	64 km	100/730 Hm	4.00 Std.	•	•	•		•	•
9	●	Zum Wahrzeichen der Ortenau	48 km	850 Hm	3.00 Std.	•	•	•		•	•
10	●	Ganz hoch über dem Kinzigtal	34 km	1000 Hm	3.00 Std.	•	•	•			•
11	●	Aussichtsreiche Breitnau-Höhentour	41 km	850 Hm	2.45 Std.	•	•	•			•
12	●	Mooskopf-Tour mit Lothardenkmal	39 km	850 Hm	3.00 Std.	•	•	•		•	•
13	●	Vier-Seen-Tour	43 km	800 Hm	3.00 Std.	•	•	•		•	•
14	●	Grenzüberschreitende Bollenhut-Tour	41 km	750 Hm	2.15 Std.	•	•	•			•
15	●	Reben- und Obstgartentour Oberkirch	49 km	500 Hm	3.00 Std.	•	•	•			•
16	●	Durch das wilde Tal der Wolf	30 km	600 Hm	3.00 Std.	•	•	•			•
17	●	Rund um das Kaiserstühler Herz	35 km	760 Hm	3.00 Std.	•	•	•			•
18	●	Entspannt auf dem Albtalrücken	35 km	540 Hm	2.00 Std.	•	•	•			•
19	●	Auf den Spuren des Bonndorfer Bähnle	56 km	250 Hm	3.00 Std.	•	•	•		•	•
20	●	Von St. Blasien zum Feldbergpass	50 km	760 Hm	3.00 Std.	•	•	•		•	•
21	●	Zum König der Schwarzwaldberge	40 km	660 Hm	3.00 Std.	•	•	•			•
22	●	Zum blauen Gipfel stromern	33 km	1200 Hm	3.00 Std.	•	•		•	•	•
23	●	Rund um den Hochfirst	45 km	370 Hm	2.45 Std.	•	•	•		•	•
24	●	Hotzenwald-Entdeckertour	53 km	760 Hm	3.00 Std.	•	•	•			•
25	●	Kleine Blasiwald-Runde	30 km	580 Hm	2.00 Std.	•	•	•		•	•

Vorwort

Der Autor an der alten Grenze zwischen Württemberg und Baden auf dem Mooswaldkopf

Der Schwarzwald und das E-Bike sind geradezu füreinander geschaffen, vor allem, wenn man es nicht auf Rekorde abgesehen hat, sondern möglichst ursprüngliche Natur ausführlich und mit allen Sinnen erfahren und erleben möchte. Obwohl der Schwarzwald von verschiedenen Fernradwegen mit Längen zwischen 260 und 460 Kilometern Länge durchzogen ist, habe ich mich bewusst für Halbtages- und Tagestouren entschieden, die jeweils ausführlich auf die Besonderheiten der jeweiligen Region eingehen. Beiderseits der Strecken gibt es dabei viel Natur und kulturelle Höhepunkte von pittoresken Fachwerkorten über Burgen und Klöster bis hin zu Naturdenkmälern und verschiedensten Museen zu entdecken. Und auch die badische und schwäbische Gastlichkeit kommt nicht zu kurz, denn zu jeder Tour erhalten Sie auch Einkehrempfehlungen.

Beliebte Schwarzwald-Highlights wie der Feldberg, der Titisee, die Hornisgrinde, Freudenstadt, Calw, Menzenschwand etc. tauchen als Streckenempfehlung ebenso auf wie die touristisch noch wenig überlaufenen Ziele wie das Eyachtal, das Wolftal oder der Hotzenwald. Allen Zielen gemeinsam ist, dass in der Hochsaison, besonders am Wochenende, reger Betrieb auf den Wander- und Radwegen herrscht. Bei den gastronomischen Angeboten handelt es sich in allen Fällen um meine persönliche, ganz subjektive Einschätzung. Erkundigen Sie sich bitte vor den jeweiligen Touren – sofern Sie einkehren möchten – über die aktuellen Öffnungszeiten.

Bei den Routen beachten Sie bitte, dass es bedingt durch Holzeinschlag oder die nach wie vor aufwendige Beseitigung von Sturmschäden oder Käferholz gelegentlich zu einzelnen Streckensperrungen kommen kann. Darüber können aber vor Tourstart auch die jeweiligen Tourismus-Informationen vor Ort verbindlich Auskunft geben.

Ich wünsche Ihnen nun beim Genussradeln im Schwarzwald viel Freude beim Entdecken des Neuen.

Uli Weissbrod

Die beeindruckende
Burg Berneck bei Altensteig

Faszination Schwarzwald

Silva nigra (Schwarzer Wald), so nannten einst die Römer respektvoll die undurchdringliche Wildnis in der Provinz *Germania superior* (Obergermanien), in der sie wilde Tiere und ebensolche Menschen wähnten. Diese alte Bezeichnung blieb haften – auch noch, als sich der Schwarzwald längst in eine Kulturlandschaft gewandelt hatte. Nicht nur wegen seines Bekanntheitsgrades und seines Images, auch mit seinen Dimensionen stellt der Schwarzwald alle anderen deutschen Mittelgebirge in den Schatten. 160 Kilometer beträgt seine größte Ausdehnung in Nord-Süd-Richtung. In West-Ost-Richtung ist er zwischen 70 und 20 Kilometer breit. Seine Gesamtfläche: imposante 6000 Quadratkilometer. Mit 1493 Metern ist der Feldberg der höchste deutsche Berg außerhalb der Alpen. Gerade wegen dieser Ausmaße und seines spannenden Abwechslungsreichtums ist der Schwarzwald prädestiniert für Erkundungen und Touren auf dem Fahrrad, aufgrund der zu bewältigenden Höhenmeter aber auch wie geschaffen für Erlebnistouren mit dem E-Bike.

Wildromantische Schluchten, aussichtsreiche Gipfel, spiegelglatte Seen, rauschende Wasserfälle, verwunschene Moore und immer wieder viele hohe Tannen. Wald, soweit das Auge blicken kann. Tauchen wir in den Schwarzwald ein, erkennen wir unsere Seele. Genießen wir die Schwarzwaldnatur um uns mit allen Sinnen! Selbst an den beliebten Zielen Titisee oder Mummelsee, auf dem Feldberg oder der Hornisgrinde, an den Triberger Wasserfällen oder auf dem Schauinsland kann dies gelingen, wenige Fahrradmeter abseits der ausgetretenen Pfade genügen.

Das richtige E-Bike

Mit dem Aufkommen und – wie wir heute wissen – dem Siegeszug des E-Bikes hat sich für Naturfreunde ein neues Spektrum der Freizeitbeschäftigung erschlossen. Speziell in bergigen Regionen ist die Elektromotor-Unterstützung bei der Bewältigung von Steigungen eine höchst erfreuliche Sache, und die Erhöhung der Reichweite ermöglicht unproblematisch längere Rundtouren. Schon seit Jahren steigt die Nachfrage nach E-Bikes ständig an und damit kommen auch immer neue Varianten auf den

Unterhalb des Stübenwasen schmiegt sich die Gemeinde Todtnauberg an den Hang. Im Hintergrund im Dunst die Schweizer Alpen

Markt. Natürlich bleibt auch die Technik nicht stehen, denn neue Akku-Serien, die Weiterentwicklung von Motoren, leichtere und widerstandsfähigere Rahmenkonstruktionen sowie umfangreiches Zubehör tragen dazu bei, dass E-Bikes einen immer höheren Stellenwert als Mittel zur Fortbewegung einnehmen. Bewegt man sich mit dem E-Bike in der freien Natur, hat man, was die Bike-Variante angeht, die Qual der Wahl unter den verschiedenen Modellvarianten.

City-E-Bike

Das am häufigsten gekaufte E-Bike! City-E-Bikes eignen sich besonders für kurze und mittlere Strecken in der Stadt und im urbanen Randgebiet. Auf dem Weg zur Arbeit, zum Einkaufen oder einfach nur für eine gemütliche Ausfahrt durch die Stadt. Die bestechendste Eigenschaft ist der Komfort. Bequeme Sättel, Teleskop-Sattelstützen, Federgabeln und breite Reifen helfen beim smarten Cruisen auf Asphalt und bestens befestigten Wegen. Im Schwarzwald nur sehr bedingt geeignet. Zwei Touren in diesem Führer lassen sich auch mit dem City-E-Bike fahren (Bollenhut-Tour und Bähnle-Radweg).

Cross-E-Bike

Cross-E-Bikes, manchmal auch SUV-E-Bikes genannt, bestimmten laut Handelsstatistik den Trend im Jahr 2022. Hierbei handelt es sich um Allrounder – Elektrofahrräder, die multifunktional nutzbar sind. Sie eignen sich für die Stadt oder für das Trekking ebenso wie als Mountainbike. Cross-E-Bikes sind ziemlich robust, mit einer guten Federung und starker Bereifung versehen, sodass sie überall einsetzbar sind. Für das tägliche Pendeln zur Arbeit sind sie genauso gerüstet wie für ein Offroad-Abenteuer. Die Geometrie der Rahmen ist modern und trotzdem ist ein SUV-E-Bike stabil. Im Schwarzwald auf jeden Fall für die meisten Routen gut geeignet.

Trekking-E-Bike

Trekking-E-Bikes eignen sich nicht nur für den Stadtverkehr, sondern für längere Fahrradtouren. Sie sind mit einem leistungsfähigen Akku ausgestattet, durch den man mühelos auf langen Strecken unterwegs sein kann und auch Anhöhen problemlos überwindet. Die Rahmenkonstruktion eines Trekking-E-Bikes ist eher sportlich und durch die etwas gestreckte Sitzposition kann man trotz der meist aufgepackten Satteltaschen komfortabler unterwegs sein. Akkus von Trekking-E-Bikes können bis zu 600 Wh

Nationalpark Schwarzwald

Regelwerk für den Naturschutz

Etliche oder auch Teile der hier vorgestellten Touren bewegen sich innerhalb des Nationalparks. E-Biker sind auch und gerade im Nationalpark willkommen! Genauso wie für Wanderer, so gelten natürlich auch für Fahrradfahrer Regeln:

- Wildtiere nicht stören und deshalb immer auf den Wegen bleiben
- Feuer (etwa zum Grillen) ausschließlich an den dafür bestimmten und entsprechend ausgeschilderten Plätzen machen
- Keinerlei Abfälle hinterlassen
- Hinweisschilder und Absperrungen auch zur eigenen Sicherheit beachten (Forstarbeiten!)
- Auf den empfohlenen Wanderwegen bleiben; die Natur ist ohnehin genug unter Druck und braucht ungestörte Rückzugsräume; auch ausgewiesene Schutzgebiete nicht betreten
- Vorsicht nach Stürmen: Ast- und Stammbruchgefahr!
- Keine Wildpflanzen ausgraben; Bärlauch, Maiglöckchen, Schlüsselblumen und andere waldtypische Wildstauden im Staudenfachhandel kaufen
- Tierbauten wie Fuchs- und Dachsbaue, Ameisenhaufen und Vogelnester in Ruhe lassen
- Keine kranken oder verletzten Tiere anfassen, stattdessen Förster, Jagdpächter oder Mitglieder eines Naturschutzverbandes informieren
- Bäume und Sträucher nicht beschädigen

haben. Im Schwarzwald ebenfalls für die meisten Strecken gut geeignet. Falls schwere Satteltaschen dabei sind, ist bei steileren Abfahrten und Trails aber Vorsicht geboten.

Einer der schönsten Rastplätze im Schwarzwald: das Almgasthaus Knöpflesbrunnen, zwischen Feldberg und Belchen.

Gravel-E-Bike

Die relativ neue Gattung der Gravel-E-Bikes erlaubt Fahrten auf und abseits befestigter Straßen und Wege. Durch ihre spezielle Geometrie werden sportliches und gemütliches Fahren gleichermaßen ermöglicht. Auch wenn der Anblick spontan an Rennräder erinnert, gibt es deutliche Unterschiede. Die Rahmengeometrie ist weniger aggressiv als bei Rennrädern und auch die breiteren Reifen mit Scheibenbremsen ermöglichen besseren Komfort und sicheres Fahren. Unterm Strich eine perfekte Kombination aus Rennrad und Trekking-Bike. Im Schwarzwald bedingt – also nicht auf jeder Route – geeignet.

E-Mountainbike

Die eindeutigen Vorteile des E-Mountainbikes sind ein perfekt agierendes Fahrwerk, ein gutmütiges Fahrverhalten und ein kraftvoller Elektroantrieb, für den auch starke Anstiege kein Problem darstellen. Das E-Mountainbike zeichnet sich durch ein enorm breites Einsatzgebiet und Vielfältigkeit aus. Die sportlich-komfortable Sitzhaltung und das erhöhte Sicherheitspaket mit Scheibenbremsen und Federgabel sorgen für erhöhte Sicherheit. Verarbeitet werden entweder ein Hinterradnabenmotor oder ein Mittelmotor. Dieser besticht durch die zentrale und tiefe Lage des Antriebsaggregats im Rahmen mit einem tiefen Schwerpunkt. Das sehr dynamische Fahrverhalten gleicht somit dem eines Mountainbikes ohne Motor, Agilität und Handling werden in keiner Weise beeinträchtigt. Für den Schwarzwald auf jeden Fall geeignet.

Beschilderung: Gewusst wohin!?!

Grundsätzlich ist die Beschilderung der Wander- und Radwege in der Schwarzwaldregion gut, wenngleich – da nicht einheitlich – mitunter etwas verwirrend. In erster Linie sorgt der Schwarzwaldverein mit seinen vielen ehrenamtlichen Unterstützern für eine ganz prima Wegweisung, für die dem Verein nicht genug gedankt werden kann! Allerdings gibt es keine zentrale, kompatible Wegführung, da Radwegbeschilderungen auch durch manche Tourismusbüros, die Landkreise, Kommunen und touristische Marketinginitiativen des Landes Baden-Württemberg erfolgen. Manche Radwege sind auch als Landkreisradwege oder kommunale Radwege grün-weiß markiert. Haupt- und Unterziele sowie die Entfernungsangaben weisen auf die Streckenziele sowie deren Entfernung hin. Das Fahrradpiktogramm weist die Strecke als allgemeinen Fahrradweg oder als Mountainbike-Route aus. Kombinationen aus beiden Piktogrammen sind möglich.

Auf den Touren in diesem Führer werden Sie immer wieder auf die verschiedensten Radwegweiser stoßen, manchmal decken sich die hier vorgestellten Routen auch auf Teilstrecken mit kommunalen oder Themenradwegen. Die Streckenbeschreibung im Führer ist so gehalten, dass immer ausreichend Zwischenziele und Wegpunkte angegeben sind. Im unwahrscheinlichen Fall, dass man sich doch einmal »verfranzt«, helfen auf jeden Fall die nächsten Kreuzungswegweiser des Schwarzwaldvereins, auf denen eine Vielzahl von Wegpunkten gelistet ist und man schnell wieder in die richtige Spur findet.

Konfliktpotenzial Wanderer – E-Biker

Bei allen Gerüchten über Auseinandersetzungen, klappt die Koexistenz – also das friedliche und harmonische Miteinander – in aller Regel problemlos. In erster Linie treten Schwierigkeiten auf, weil beide Gruppen die gleichen Wege nutzen, allerdings mit stark unterschiedlichen Geschwindigkeiten.

Toleranz, Verständnis und Freundlichkeit gebietet schon allein der gesunde Menschenverstand. In der Tat sollte – vor allem wenn der E-Biker bergab fährt und vor sich Wanderer auf dem gleichen Weg sieht – ein rechtzeitiges Zeichen mit der guten alten Fahrradklingel die Wanderer aufmerksam machen. Oder die Fußgänger animieren, z. B. ihren Hund an die Leine zu nehmen. Andererseits schadet es dem Radler auch nicht, an neuralgischen, schmalen Stellen einmal kurz abzusteigen, und die langsameren Wanderer zuerst passieren zu lassen. Ein freundliches »Danke«, »Grüß Gott« oder »Servus« hat außerdem noch niemandem geschadet. Rücksichtnahme ist letztlich das A und O: Wer auf seine Mitmenschen, die Natur und Tiere Acht gibt, kann guten Gewissens im Wald biken.

Touristen-Hotspot Mummelsee von der Grindehütte auf der Hornisgrinde aus gesehen

E-Bike-Ladestationen

Die Tourenvorschläge in diesem Führer sind bewusst so gewählt, dass Sie mit einem vollgeladenen Akku stressfrei zu bewältigen sind. Sollte es dennoch einmal vorkommen, dass Ihnen der »Saft ausgeht«, z. B. weil Sie an eine kürzere Tour noch eine Strecke anhängen, oder von einer Zwischenetappe aus eine Ablegerroute zu einem besonderen Ziel in der Nähe erreichen möchten, dann hilft ein »Gewusst wo!«. Heute haben, dem E-Bike-Trend folgend, schon viele regelmäßig bewirtschaftete Wanderhütten Lademöglichkeiten, ebenso wie viele Gasthäuser und Biergärten an den stärker frequentierten Strecken. Auch halten viele Kommunen an zentralen Plätzen oder angedockt an die Tourist-Information Lademöglichkeiten für E-Biker vor. Und das in vielen Fällen kostenlos! Natürlich ändert sich die Anzahl der Lademöglichkeiten im Laufe der Zeit, denn ständig wird aufgebessert, um den Tourenradlern optimalen Service zu bieten.

Einen umfassenden Überblick bietet hierbei die Internetpräsenz des Schwarzwald Tourismus, die Ladestationen alphabetisch listet auf:
www.schwarzwald-tourismus.info/erleben/radfahren/tourenrad-und-e-bike/ladestationen

Herrliche Aussichten auf den Schwarzwald begleiten die abwechslungsreichen Touren.

Genießertouren auf zwei Rädern

1 Hoch über dem Enztal

Zum Wildseemoor bei Kaltenbronn

Mittel | 49 km | 1000 Hm | 3.45 Std.

Tourencharakter
Wir befahren vorwiegend geschotterte oder erdgebundene Wald- und Wanderwege, innerorts auf Asphalt.

Ausgangs-/Endpunkt
Bad Wildbad, Bahnhof, König-Karl-Straße. Parkhaus P1, Ladestraße 1, direkt hinter dem Bahnhof. Gebührenpflichtig.

Anfahrt
ÖPNV: Über Karlsruhe oder Stuttgart bis Pforzheim und weiter mit der S6, der Enztalbahn, bis Bad Wildbad.
Pkw: A8 Karlsruhe–Stuttgart bis Ausfahrt Pforzheim-West, weiter über die B294 und L351. A81 Stuttgart–Singen, Ausfahrt Böblingen-Hulb, weiter über Calw und die B296 nach Hirsau, Oberreichenbach und Bad Wildbad. A5 Basel–Karlsruhe, Abfahrt Baden-Baden oder Rastatt, über Gernsbach und über den Kaltenbronn bis Bad Wildbad.

Einkehr
Waldgaststätte Grünhütte, Vorderes Eulenloch, 75323 Bad Wildbad, Tel. 07081/8627, www.gruenhuette.de
Gasthof Berghof, Dietersbrunnenweg 14, 75337 Enzklösterle, Tel. 07085/7233, www.berghof-enzkloesterle.de

Karten und Infos
Publicpress Radwanderkarte Nördlicher und Mittlerer Schwarzwald; Lokale Karten: Tourist-Information, König-Karl-Straße 5, 75323 Bad Wildbad, Tel. 07081/10280

Eine abwechslungs- und aussichtsreiche Tour auf und über die Höhenzüge links und rechts über dem Enztal. Wir durchqueren auf dem Hohloh ein faszinierendes Hochmoorgebiet, und wer mag, belohnt und entspannt sich am Ende in wohltuendem Thermalwasser.

Über die Tour Wir bewegen uns auf dieser Tour im Umfeld der Enz, die als Große Enz in Gompelscheuer aus dem Zusammenfluss von Poppelbach und Kaltenbach entsteht und nach 112 Kilometern als größter linker Nebenfluss bei Besigheim in den Neckar mündet. Unsere Route führt in Bad Wildbad vom Fluss hinauf auf die Schwarzwaldhöhen, die das Enztal majestätisch einrahmen. Durch mächtige Tannenwälder, unterbrochen von grünen Wiesenauen, überqueren wir im Luftkurort Enzklösterle den dem Tal seinen Namen gebenden Fluss. Das Örtchen steht

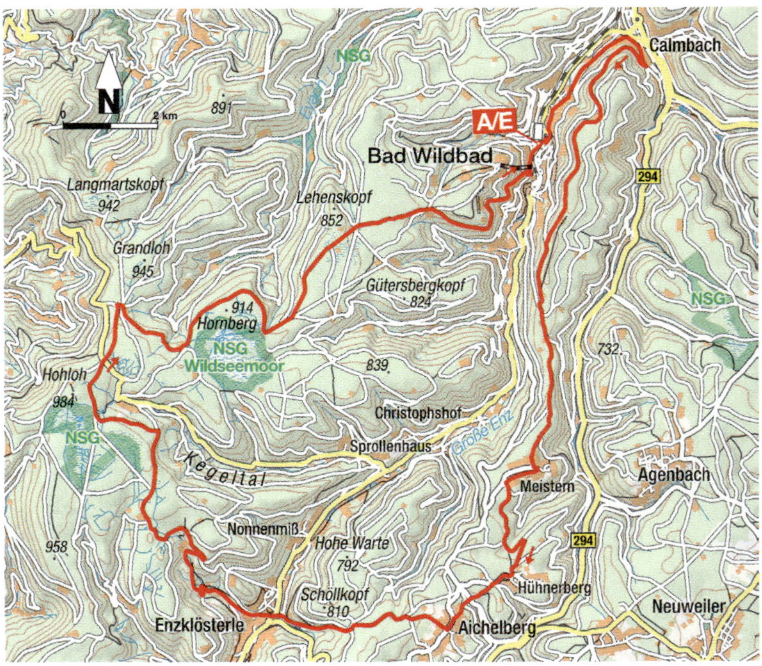

ganz im Zeichen der Heidelbeere, auf die man hier, wie man sich auch dreht und wendet, überall trifft. Das »blaue Gold« wird sogar auf dem sogenannten Rundkurs Heidelbeerweg erlebbar gemacht. Im Juli findet alljährlich das Heidelbeerfest statt mit Heidelbeer-Pfannkuchen, Heidelbeer-Muffins und der Schwarzwälder Heidelbeer-Torte.

Entlang der bewaldeten Schwarzwaldhänge finden sich immer wieder smarte Rollstrecken.

Viel karger kommt unsere nächste Zwischenetappe daher, denn im Kaltenbronn, dem ersten Naturschutzgebiet in Baden-Württemberg, dominieren Moorlandschaften mit Moorseen diese einmalige Hochebene. Der faszinierende Lebensraum für viele seltene Tier- und Pflanzenarten berührt Wanderer wie E-Biker (die hier über die Holzbohlenwege durchs Moor das Rad schieben müssen) gleichermaßen.

Mehr Trubel dann wieder am Bad Wildbader Hausberg Sommerberg, den wir unterhalb des Baumwipfelpfads Schwarzwald hangwärts queren. Dort locken der Schwarzwälder Baumwipfelpfad und die Wildline-Hängebrücke nach einem Abstecher von der ursprünglichen Route. Genauso wie das geschichtsträchtige Palais Thermal im Tour-Ausgangsort Bad Wildbad, das in berühmtem Ambiente mit heilsamem Thermalwasser dafür Sorge trägt, dass sich die beanspruchten Muskelpartien auf höchst angenehme Art und Weise wieder entspannen.

Moorseen und der Hohlohturm

Der Hohloh ist ein 989 Meter hoher Bergrücken zwischen den Flüssen Murg und Enz. Auf dem Südteil der Hochebene liegt das Hohlohmiss, eine Misse mit Regenmooren inmitten eines riesigen Waldgebiets in einer urwüchsigen Landschaft. Verantwortlich für die Herausbildung dieser beispiellosen Landschaft sind hohe Niederschläge, die auf wasserundurchlässiges Gestein treffen. Um diese Besonderheit zu erhalten, stehen die Moorseen Hohlohsee, Hornsee und Wildsee als Hochmoorgebiet auf dem Kaltenbronn seit über 60 Jahren unter Naturschutz. Am nördlichen Ende des Plateaus streckt sich der Hohlohturm (offiziell Kaiser-Wilhelm-Turm) in die Höhe. Er gehört dem Land Baden-Württemberg und steht unter dem Patronat des Schwarzwaldvereins Gernsbach. Von der ca. 28 Meter hohen Aussichtsplattform des Turms sieht man bei passendem Wetter die Vogesen, den Pfälzerwald, den Odenwald und den Albtrauf.

Wegverlauf Am Bahnhof Bad Wildbad halten wir uns links auf die König-Karl-Straße, biegen gleich danach rechts in die Calmbacher Straße, die die Enz überquert, und knicken scharf links in die Laienbergstraße ein. Wir folgen ihr, bis die Straße nach kurzer Fahrt in einen Waldweg übergeht, und steigen langsam in den Wald an. Nach einer längeren Rechtskurve stoßen wir auf eine Wegkreuzung und biegen dort scharf in den Breitenweg ab.

Wir folgen diesem Weg ohne große Anstrengung und passieren an einer Kreuzung bei KM 6,6 die Meisternkopfhütte. Dort halten wir uns rechts auf dem Weg Richtung Wegmarke

Kappelberg. Bei der Simmelhütte und dem Gleitfluggelände Kienhalde treffen wir auf den Jägerweg, der von rechts kommt, und fahren auf ihm geradeaus weiter, bis wir bei der Butterhütte und dem MTB-Wegweiser BW25 links in die Landvogteistraße einbiegen.

An der nächsten großen Gabelung halten wir uns halb links auf den Wildbader Weg, der uns vorbei am Friedhof auf die Schönblickstraße in Meistern bringt, in die wir links einbiegen, und folgen dann der Gartenstraße aus dem Örtchen heraus bis zum Wanderparkplatz, wo wir links in den Buchrainweg abbiegen und uns gleich wieder rechts halten. Am Wegzeichen Wolfsbruck halten wir uns links und biegen nach einer Linkskurve am kommenden Abzweig hart rechts ab. Wir erreichen den Parkplatz oberhalb von Hünerberg und biegen rechts auf die Straße ab.

Markantes Zwischenziel: der Hohlohturm auf 984 Metern Höhe

Geheimnisvoll und faszinierend: die Hochmoorseenlandschaft auf dem Kaltenbronn

Über Enzklösterle zum Hirschbach Nach einem knappen Kilometer biegen wir von der Straße links in einen Pfad durch den Wald ab, der nach kurzer Fahrt zur Kreisstraße führt, die wir überqueren müssen und den Pfad weiter bis zum Waldweg nehmen. Wir erreichen den Schulweg in Aichelberg und biegen in der Ortsmitte beim Gasthof Grüner Baum rechts in den Kirchweg, der uns leicht bergauf an der Kirche vorbei aus dem Ort hinaus und links in den Wald führt. Dem Aichelberger Sträßchen folgen wir nun bergab über die Herzogsbank bis nach Enzklösterle.
Innerorts biegen wir links in die L351 ein, um sie nur nach 50 Metern rechts wieder auf der Friedensstraße, die kurz darauf zur Hirschtalstraße wird, zu verlassen. Wir passieren das Hirschtal Rotwildgehege und ziehen auf dem Hirschtalweg bergan mit einer Linkskurve, gefolgt von einer scharfen Rechtskurve durch den Bergwald. Entlang des Hirschbachs halten wir uns an der Rindenhütte rechts und kurz darauf schlagen wir einen scharfen Bogen nach links und ziehen die Gernsbacher Steige hinauf.

Zum Naturschutzgebiet Vorbei an der Viereichenhütte geradeaus auf den Diebstichweg bis zur Wegmarke Hühnerwässerle, wo wir links in den Hühnerwässerleweg abbiegen, auf dem wir die Kaltenbronner Skilifte unterqueren und die Markierung Hohlohsee erreichen. Wir fahren geradeaus bergan, radeln unterhalb des Hohlohturms bis zur L76b, die wir überqueren und dem Mittelweg und dann geradeaus dem Gradweg bis zur Kreuzlehütte folgen. An der Hütte biegen wir rechts und an der Gabelung sofort wieder links auf den Oberen Hornweg (nicht auf den Kreuzleweg!). In einer lang gezogenen Rechtskurve, gefolgt von einer lang gezogenen Linkskurve, führt der Weg entlang des Naturschutzgebiets von Wild- und Hornsee bis zur Weißensteinhütte am Oberen Rotwasser. Hier wechseln wir links auf den Gültlingsweg und am zweiten Abzweig wieder links auf den Rotfußenweg, der uns bis zur Kreuzung an der Lehenhütte bringt.

Palais Thermal, Bad Wildbad

Die Heilwirkung des Wildbader Thermalwassers ist bereits seit Jahrhunderten bekannt. In der sinnlich-orientalischen Sauna- und Wellnesslandschaft können die Besucher mit der maurischen Architektur, orientalischem Dekor und Jugendstil-Elementen in längst vergangene Zeiten eintauchen. Ein regelrechter Badepalast und eines der schönsten Bäder Europas. Beeindruckende Saunalandschaft in den Obergeschossen und im großen Außenbereich mit schönem Blick auf Bad Wildbad (Kernerstraße 5, 75323 Bad Wildbad, Tel. 07081 303-0, www.bad-wildbad.de/de/palais-thermal).

Die Hängebrücke »Wildline« (links) und der Aussichtsturm des Baumwipfelpfads am Sommerberg über Bad Wildbad

Zurück nach Bad Wildbad Dort leicht rechts weiter auf den Kohlweg bis zum Picknickplatz Fünf Bäume, dort rechts auf den Auchhalderweg wechseln, der uns im Linksschwung um den Auchwalder Kopf bis zur Brunnenhütte führt, dort nehmen wir rechts den rustikalen Waldweg bergab. Wir queren die Downhillstrecke (hier haben Downhiller Vorfahrt!), passieren die Martha-Preuss-Hütte und stoßen auf die Panoramastraße in Bad Wildbad. Links abbiegen in die Bätznerstraße und ihr bergab bis zum Kreisverkehr folgen. Dort links abbiegen, zurück zum Bahnhof Bad Wildbad bzw. dem Parkhaus.

Baumwipfelpfad & Wildline-Hängebrücke

Unterhaltsame und interessante Abwechslung vom Biken verspricht der Baumwipfelpfad, der sich über 1,25 Kilometer und bis zu 20 Meter hoch durch den Tannen-, Fichten- und Buchenwald schlängelt. Verschiedene Kletter- oder Balancestationen fordern die Besucher auf dem Weg zum Turm heraus. Am Ende des Pfads gewährt der 40 Meter hohe Turm einen 360-Grad-Rundumblick über den nördlichen Schwarzwald. Die Wildline ist eine aufsehenerregende Fußgänger-Hängebrücke in direkter Nähe. Die besondere Konstruktion besticht durch die nach oben geführte Bogenform – für Europa bisher ein Novum. Die Brücke führt 60 Meter hoch über ein Bärenklinge genanntes Seitental des Sommerbergs und lässt 300 Meter tief bis hinunter nach Bad Wildbad schauen.
Die Nutzung von beiden Attraktionen ist gebührenpflichtig (Baumwipfelpfad Schwarzwald, Peter-Liebig-Weg 16 – Sommerberg, 75323 Bad Wildbad, www.baumwipfelpfade.de/schwarzwald).

2 Einmal um die Zwetschgenstadt Bühl

Wein und wilde Natur

Leicht/ Mittel	32 km	1000 Hm	3 Std.

Tourencharakter
Wir befahren vorwiegend geschotterte oder erdgebundene Wald- und Wanderwege, innerorts auf Asphalt.

Ausgangs-/Endpunkt
Bühl, Bahnhof, Güterstraße. Großer Park & Ride Parkplatz in der Unteramthofstraße, gebührenpflichtig

Anfahrt
ÖPNV: Bühl hat einen Bahnhof an der Rheintalstrecke Frankfurt–Basel. Es halten die Schwarzwaldbahn und die Rheintalbahn (Regional Express).
Pkw: Auf der A5 Karlsruhe–Basel die Ausfahrt 52 Richtung Bühl nehmen.

Einkehr
Berggasthof Immenstein, Am Immenstein 8, 77815 Bühl-Neusatzeck, Tel. 07223/22276, www.gasthaus-immenstein.de
Kappler Lamm, Kappelwindeckstraße 15, 77815 Bühl, Tel. 07223/900180, www.kappler-lamm.de

Karten und Infos
Publicpress Rad- und Wanderkarte Rastatt, Baden-Baden; Lokale Karten: Tourist-Information, Hauptstraße 41, 77815 Bühl, Tel. 07223/935332

Eine eher kürzere Tour, die mit etwa 1000 Höhenmetern Mensch und Material schon etwas abverlangt. Von Bühl aus steigen wir in Richtung Omerskopf stetig an und rollen entspannt abwärts nach Bühl zurück.

Über die Tour Der Rhein im Westen, die Schwarzwaldhöhen im Osten und dazwischen die sanften Hügel der Weinberge: Am westlichen Rand des Nationalparks Schwarzwald bieten die drei Gemeinden Bühl, Bühlertal und Ottersweier, die sich zur Ferienregion BBO zusammengeschlossen haben, spannende Aktivitäten für Wanderer und E-Biker an.

Weit über die Ortenau hinaus beliebt und bekannt ist das Bühler Zwetschgenfest, das jährlich am zweiten Septemberwochenende der Bühler Zwetsche und damit dem Markenzeichen der Stadt Bühl am Schwarzwaldrand gewidmet ist. Die berühmte blauviolette Frucht wurde um 1840 in der Gegend um Bühl erstmals

Der Blick vom Sickenwalder Horn auf das Bühlertal, das den Schwarzwald zur Rheinebene hin öffnet.

entdeckt. Das milde Klima zwischen der Rheinebene und der Vorbergzone ließ die Pflaumenunterart wunderbar gedeihen, so sehr, dass »Slow Food Deutschland« im Jahr 2018 die Bühler Frühzwetschge in seine »Arche des Geschmacks« aufgenommen hat. Somit soll ein starker Beitrag zum Schutz des »kulinarischen Erbes der Region« geleistet werden. Die Vorbergzone wird heute weiterhin stark vom Obst- und Weinbau dominiert.

Burgruine Windeck, von Reben umgeben

Von der Rheinebene aus erklettern wir die bewaldeten Schwarzwaldhöhen um den nicht ganz so bekannten Omerskopf, der neben Wanderern auch für Gleitschirmflieger mit seinem Startplatz ein beliebtes Ziel ist. Vor allem die Ausblicke in und über das Bühlertal bis weit hinein ins Elsass faszinieren auf dem Rückweg, wobei auch die Bühlerhöhe, das Luxushotel im Dornröschenschlaf mit seiner schicksalhaften Geschichte, ins Auge fällt und zum Nachdenken anregt.

Burgruine Windeck

Knapp 400 Meter oberhalb von Bühl wurde um 1200 eine Burganlage errichtet, die ob der kräftigen Windstöße von ihren Erbauern den Namen Burg Windeck erhielt. Die Maueranlage wurde äußerst massiv angelegt und der Burgeingang so hoch angesetzt, dass es keinem der verschiedenen Angreifer (u. a. die Straßburger Bischöfe oder die Grafen von Württemberg) gelang, die Burg je einzunehmen. Die Windecker waren über lange Zeit Lehensleute der Grafen von Eberstein, des Markgrafen von Baden und der Straßburger Bischöfe. Im 14. Jahrhundert fielen der Wohntrakt der Burg und die Stallungen einem Feuer zum Opfer, doch Reinhard von Windeck, Anführer des Schleglerbundes, ließ die Burganlage wieder herrichten. Erst 200 Jahre später wurde es seinen Nachkommen dort oben zu windig und sie verlegten ihren Wohnsitz hinunter in den Schlosshof Bühl. Heute sind nur noch Reste (die Bergfriede und ein Stück Ringmauer) der einstigen Höhenburg als Ruine erhalten.

Wegverlauf Vor dem Bahnhof halten wir uns rechts auf der Oberamthofstraße, um gleich darauf links in die Oberweirer Straße einzubiegen. Wir kreuzen die Hauptstraße und biegen nach der Ampelanlage links in die Robert-Koch-Straße. Wir folgen bis zur Mehrfachkreuzung, wo wir uns rechts Richtung Waldmatt auf der Straße Am Bannweg halten. Wir erreichen die Rungstraße beim Klinikum Mittelbaden, biegen erst links ab und nach ca. 400 Metern rechts in den Burgweg.

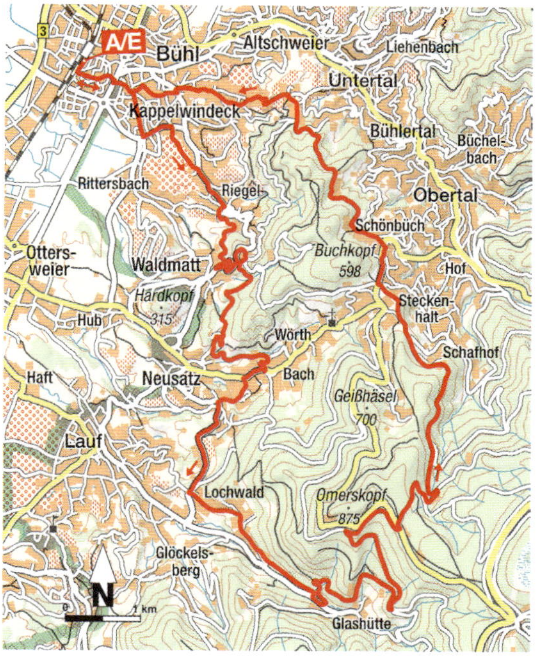

Zur Burgruine Windeck Der Weg führt uns durch Obstplantagen nach Riegel, wo wir rechts in die Kappelwindeckstraße einbiegen und nach 600 Metern beim Gasthaus Rebstock rechts den Bühlsbergweg wählen. Am Ortsrand von Riegel ziehen wir halb links durch Weinberge und zwei kleine Waldstücke bergauf. Am Ortseingang von Waldmatt knicken wir im spitzen Winkel nach links auf die Obere Windeckstraße ein und stromern nun bergauf zur Burgruine Windeck. Am Parkplatz dort folgen wir dem geschotterten Weg halb rechts, am Spielplatz vorbei, in Richtung Neusatz-Bach. Durch den Wald erreichen wir den Sportplatz Felsenrain-Stadion Neusatz. Wir umfahren den Platz links und nehmen an der kommenden Kreuzung den Weg rechts bergab zum Parkplatz. Dort

Da geht's rauf: Blick hinauf zum Omerskopf

Rohrhirschmühle Altschweier

In Altschweier nahe Bühl blieb eine mit großem Engagement restaurierte Mühle, mit Walzenstühlen, Mahlgängen und zwei oberschlächtigen Wasserrädern, erhalten. Ein Ehepaar aus Altschweier hat mit viel Idealismus und erheblichem finanziellem Aufwand die Rohrhirschmühle, die ihren Namen dem Müller Rohrhisch verdankt, restauriert und zum Heimatmuseum ausgebaut. Dort sind im ältesten Teil der Mühle zum Beispiel die Müllerstube und ein Schulzimmer zu besichtigen, sowie viele alte landwirtschaftliche Gerätschaften. Von den ursprünglich über 10 Mühlen um Altschweier ist die Rohrhirschmühle als einzige erhalten. Ein Förderverein kümmert sich heute um das historische Gebäude und hat sich vorgenommen, das Museum weiter auszubauen. Im letzten Ausbauzustand von 1921 besaß die Mühle drei Mahlwerke und drei Walzenstühle, die bis zur Stilllegung im Jahr 1980 von zwei Wasserrädern angetrieben wurden.

ein kurzes Stück links bergab und an der sofort folgenden Gabelung halb links bergauf.

Weiter bergauf Bei den ersten Häusern von Neusatz-Bach rechts auf dem Mättiweg bergauf, der uns zur Schwarzwaldstraße führt, in die wir wieder rechts einbiegen. Der nächste Abzweig erfolgt links in die Kirchbühlstraße. Vorbei am Narrenbrünnle erreichen wir beim Drei-Röhren-Brunnen die Gebersbergstraße und biegen hier links ab.
Vorbei am Bruderhöfel erreichen wir die Kreuzung Wegscheide mit dem Steinkreuz, wo wir links in die Lochwaldstraße abbiegen, der wir bergauf, vorbei an Ruchestein, folgen, danach halb links über den Hardweg bis kurz vor den Stausee Lauf und Glashütte radeln, wo wir an der Weggabelung über den Eichelsbachweg links durch den Wald weiter nach oben ziehen.
Wir passieren die Steinbruch-Hütte, nehmen nach wie vor bergan eine große Rechtskurve und knicken an der nächsten Kreuzung scharf links auf den Habichweg ein. Jetzt schon auf ca. 800 Metern Höhe, folgt ein spitzer Abzweig nach rechts auf den Rundweg 2, der uns zur Kreisstraße führt, die wir hier queren und halb links beim Wanderparkplatz Wittig den Rundweg 7 hinab zur Kappler Wald-Hütte befahren.

Zurück nach Bühl Dort wieder in scharfer Linkskehre bergab und auf der Kapplerwaldstraße durch den Wald oberhalb von Wolfsbrunnen bis zum Gasthaus Immenstein stromern. Wir bleiben auf der Kapplerwaldstraße bis zur Kreuzung Schwarzwasen, wo wir die Eichwaldstraße nach rechts bergab Richtung Klotzberg nehmen. Am Ortseingang Bühlertal nehmen wir links die Buchkopfstraße, die nach ca. 150 Metern in die Rossbühlstraße

Rathaus Bühl: früher eine Kirche

Die Gertelbach-Wasserfälle suchen sich zwischen den Felsen ihren Weg.

übergeht, der wir weiter stetig bergab bis zum Ortsteil Klotzberg folgen. Vorbei an Lochmatten, Roßbühl und Steingaß erreichen wir Klotzberg, wo es geradeaus weiter abwärts auf der Klotzbergstraße durch Kappelwindeck geht.

Beim Gasthaus Kappler Lamm am Kirchplatz links, dann gleich rechts in die Nelkenstraße einbiegen. Diese trifft nach kurzer Fahrt auf die Bühler Schlossstraße, der wir links weiter folgen, bis wir auf die Mehrfachkreuzung stoßen, die wir von der Anfahrt bereits kennen, und folgen von dort den Wegweisern zum Bahnhof Bühl zurück.

Gertelbach-Wasserfälle

Weit oben an der Schwarzwaldhochstraße, oberhalb von Bühlertal, entspringt der Gertelbach und hat sich im Laufe der Jahrtausende tief in das wildromantische Tal gegraben, bevor er nach 2,5 Kilometern in den deutlich weniger wilden Wiedenbach mündet. Die sehenswerten Wasserfälle (330 Höhenmeter!) stürzen am steilen Abriss kaskadenartig in die Tiefe, wobei sie dabei einzelne Fallstufen von bis zu sieben Metern Höhe überwinden. Entlang des Gertelbachs ist im Laufe der Zeit aus einem Plenterwald (bewusst gepflanzter Mischwald) ein von massiven Rotbuchen, Eschen, Bergahorn, Weißtannen und Fichten geprägter Schluchtwald erwachsen, der als Schonwald geschützt ist. Die hohe Luftfeuchtigkeit und die niedrigen Temperaturen in der Schlucht fördern den dichten Bewuchs von Tüpfel-, Rippen- und Wurmfarn entlang des Gertelbachs.

3 Zwei Schwarzwaldflüsse und das Himmelsglück

Durchs Enz- und Nagoldtal

Leicht | 60 km | 530 Hm | 4 Std.

Tourencharakater
Wir befahren gut ausgebaute Radwege auf Schotter und Asphalt, im Wald erdgebundene Weg, innerorts Asphalt.

Ausgangs-/Endpunkt
Bad Liebenzell, Bahnhof, Bahnhofstraße. Großer Parkplatz Bahnhofstraße 17, gebührenpflichtig. Sonst: Parkplatz Therme, Reuchlinweg 5. Gebührenpflichtig.

Anfahrt
ÖPNV: Per DB zum ICE-Bahnhof Pforzheim Hauptbahnhof, von dort mit der Kulturbahn nach Bad Liebenzell. Eine Fahrradmitnahme ist in der Kulturbahn möglich!
Pkw: A 8 bis Ausfahrt Pforzheim, weiter über die B 436 nach Bad Liebenzell. A 81 bis Ausfahrt Böblingen-Hulb, dann weiter über die B 464 Richtung Renningen, kurz vorher links auf die B 295 nach Weil der Stadt, von dort auf der L 343 nach Bad Liebenzell.

Einkehr
Café Monachorum, Monbachstraße 30, 75378 Bad Liebenzell-Monakam, Tel. 07052/5201, www.cafe-monachorum.de
Restaurant Zur alten Mühle, Im Gänzbrunnen 1, 75305 Neuenbürg, Tel. 07082/9240-0, www.zordel.de

Karten und Infos
Kompass Karten-Set 886 Schwarzwald Nord; bikeline-Radtourenbuch: Flussradwege Schwarzwald

Diese Tour führt uns durch die beiden großen Flusstäler im Nordschwarzwald, die mit dem Enztal-Radweg und dem Nagoldtal-Radweg eine hervorragend ausgebaute Infrastruktur nebst perfekter Beschilderung aufweisen.

Über die Tour Eine mit gut 60 Kilometern längere, aber recht entspannte große Runde entlang zweier unterschiedlicher Flusstäler mit dem Scheitelpunkt in der Goldstadt Pforzheim, wo wir vom Enztal-Radweg auf den Nagoldtal-Radweg wechseln. Pforzheim ist das Oberzentrum der Region Nordschwarzwald, liegt zwischen den Großstädten Stuttgart und Karlsruhe und gilt gemeinhin als die Pforte in den Schwarzwald vom Norden her. Hier beginnen auch die großen, legendären Schwarzwaldwanderwege wie der Westweg (nach Basel), der Mittelweg (nach Waldshut) oder der Ostweg (nach Schaffhausen). Auch der Schwarzwald-

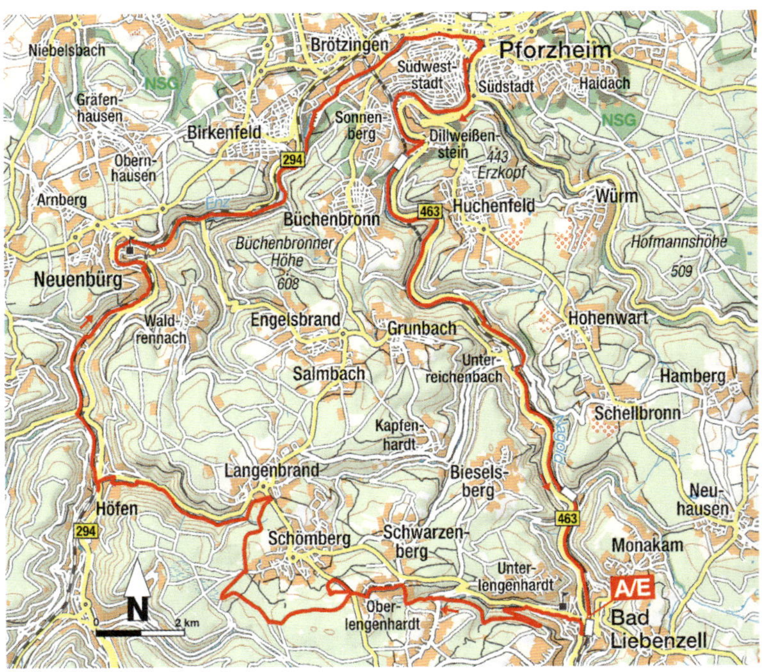

Fließt entspannt Richtung Neckar: die Enz bei Neuenbürg

Schwäbische-Alb-Allgäu-Weg nimmt in Pforzheim seinen Anfang und führt über stattliche 311 Kilometer von der Goldstadt bis ins Allgäu.

Auf der ganzen Welt bekannt wurde Pforzheim durch die 1767 vom badischen Markgraf Karl Friedrich ins Leben gerufene Uhren- und Schmuckindustrie. Pforzheims »Kosename« Goldstadt nimmt darauf noch heute Bezug. Bereits um 1800 besaß Pforzheim die gewaltige Anzahl von 900 Fabriken und galt damit nicht nur als erste Fabrikstadt Badens, sondern als bedeutendstes Schmuckfabrikationszentrum weltweit.

Bis heute ist die Pforzheimer Wirtschaft sehr stark durch die Schmuck- und Uhrenindustrie geprägt: Pforzheim ist nach wie vor das deutsche Kompetenzzentrum für Schmuck und Uhren und genießt weltweit eine herausragende Reputation. Zu Recht, denn in Pforzheim konzentrieren sich namhafte Unternehmen, zahlreiche Verbände, die Goldschmiedeschule- mit Uhrmacherschule Pforzheim und viele weitere Institutionen der Branche.

Akku-Unterstützung wird in erster Linie zu Beginn dieser Radstrecke eingesetzt, wenn es von Bad Liebenzell hinauf zum Himmelsglück geht. Aufgrund der guten Wegbeschaffenheit auf den Radwegen, die in etwa 70 % der gesamten Rundtour ausmachen, ist die Runde sehr gut mit dem Trekking-E-Bike, dem Cross-E-Bike und selbst dem City-E-Bike zu bewältigen.

Von der Trutzburg zur Jugendaustauschstätte: Burg Bad Liebenzell

Wegverlauf Wir starten vom Bahnhof nach rechts, biegen gleich rechts auf die L343, überqueren die Nagold und biegen wieder rechts in die Wilhelmstraße ab. Danach geht es auf die erste Straße links, vorbei am Stadtsee und nach einer leichten Rechtskurve biegen wir links auf den Lengenbachweg, auf dem wir die Stadt durch den Wald verlassen. Wir steigen durchs Lengenbachtal an, nehmen beim Wegzeichen Gansweg die linke Spur und folgen nach einem scharfen Linksknick dem Gansweg bis zur Markierung Oberer Finkenweg, wo wir scharf rechts auf die Obere Finkensteige wechseln. Der Weg führt durchs dichte Tannengrün, vorbei am Wassermuseum, quert die Talstraße und führt zum Wegpunkt Winterhalte, wo wir rechts nach Oberlengenhardt einfahren.

Burg Bad Liebenzell

Im württembergischen Teil des Schwarzwalds war die Spornburg Liebenzell einst die bedeutendste Burg. Die Grafen von Eberstein ließen sie Anfang des 12. Jahrhunderts auf einem abfallenden Bergsporn in 450 Metern Höhe über der Stadt Bad Liebenzell zum Schutz ihrer Besitzungen errichten. Ludwig von Liebenzell, der letzte der Ebersteiner, vermachte die gesamte Anlage 1273 an den Deutschen Ritterorden, der sie wiederum an Rudolf IV., Markgraf von Baden, verkaufte. Als aufgrund der Unbequemlichkeiten die markgräfliche Sippe hinunter nach Bad Liebenzell zog, verfiel die Burg bis auf die mächtige Schildmauer und den Turm. Das Internationale Forum Burg Bad Liebenzell e. V. ließ die Burg nach historischem Vorbild in den 1950er-Jahren wieder aufbauen und restaurieren und betreibt dort bis heute einen Ort des internationalen Jugendaustauschs.

Zum Aussichtsturm In Höhe des Gasthauses Ochsen biegen wir links in die Hauptstraße ein, nehmen nach einer Linkskurve rechts die Straße Am Hohlweg, die uns zur L346 leitet, und folgen von dort der Beschilderung zum Aussichtsturm Himmelsglück, den wir nach zwei Minuten erreichen. Hier heißt es pausieren und staunen über die beeindruckende Konstruktion aus heimischem Holz.

Wir radeln zurück zur L346 und biegen rechts in den Schwannweg ein. Hier haben

Aussichtsturm Himmelsglück

Deutschlands höchster Aussichtssturm in Holzbauweise mit Aussichtsplattformen in Höhe von 20, 35 und 50 Metern ist Dank eines Aufzugs barrierefrei! Die oberste Plattform des Aussichtsturms Himmelsglück bietet fantastische Ausblicke über den Nordschwarzwald, das Strohgäu und die Schwäbische Alb. Doch nicht nur die atemberaubende Aussicht stellt ein Highlight dar, sondern auch die beiden »Waldflug«-Möglichkeiten Blackforest Flyline und Blackforest Flying Fox, mit welchen Besucher entweder gemütlich durch den Wald schweben oder den 600 Meter langen, 60 km/h schnellen Rückweg in den Kurpark Schömberg antreten können (Aussichtsturm Himmelsglück Schömberg, 75328 Schömberg. Tel. 07084/14444).

Neue Attraktion: Das »Himmelsglück« bei Schömberg

wir bereits den höchsten Punkt unserer Tour erreicht. Wir bewegen uns jetzt im großen Rechtsbogen durch den Wald um Schömberg, passieren das Rotwildgehege und ziehen Richtung Langenbrand. Beim Campingplatz am Ortsanfang biegen wir nach links ab und folgen dem Unteren Förtelbergweg durch das Förtelbachtal hinab.

Auf dem Enztal-Radweg Wir erreichen das Freibad Höfen, fahren dort kurz auf die L343 nach links, um gleich darauf in Höfen an der Enz links in den Kreisel der B294 und sofort darauf rechts über die Enzbrücke auf die Uferstraße zu gelangen, der wir nach rechts folgen. Wir befinden uns nun auf dem Enztal-Radweg, der uns am Zusammenfluss von Eyach und Enz zunächst nach Neuenbürg führt, wo wir in Höhe des Bahnhofs Neuenburg Süd über die Schlösslestraße wieder die Enz überqueren, um nun auf der rechten Flussseite unterhalb von Schloss Neuenbürg der L338 im großen Rechtsbogen zu folgen.
Wir erreichen den Hauptbahnhof, unterqueren die B294 und ziehen danach links auf dem Radweg in Richtung Pforzheim. Unterwegs wird am Oberen Enzsteg wieder einmal – Sie ahnen es bereits – der Fluss überquert. Bei Birkenfeld erreichen wir das Wohngebiet Herrenstriet, durchqueren es und stoßen auf die Beschilderung Schwarzwald-Panorama-Radweg, der wir nach rechts folgen.

Auf dem Nagoldtal-Radweg Weiter geht es entlang der Enz durch den Stadtteil Brötzingen, bis wir beim CongressCentrum Pforzheim den Zusammenfluss von Enz und Nagold erreichen. Ein letztes Mal queren wir die Enz über das Nonnenmühlwehr, treffen auf der anderen Seite bereits auf den Nagoldtal-Radweg, biegen erst rechts, dann kurz darauf links um die Stadtkirche herum ab und folgen dann links dem Radweg.
Vorbei am Schmuckmuseum, der Steinernen Brücke und der

Schmuckmuseum Pforzheim

Das weltweit einzige Museum zur Geschichte des Schmucks befindet sich als Schmuckmuseum Pforzheim im dortigen Reuchlinhaus. Die Sammlung von insgesamt gut 2000 Exponaten gibt einen Überblick über den Wandel in der Schmuckkunst über fünf Jahrtausende. So finden sich feinst gearbeitete Preziosen der Etrusker neben dem üppigen Schmuckstil des Barock, Bijouterie aus dem Jugendstil und dem Art déco bis hin zu einer Sammlung modernster Goldschmiedekunst. Zusätzlich zum Gesamtüberblick bietet das Haus jährlich mehrere Sonderausstellungen an (Jahnstraße 42, 75173 Pforzheim, Tel. 07231 39 2126. Montags geschlossen).

Die Nagold in Bad Liebenzell

Ruine Rabeneck zieht der Weg ganz eng an der recht kurvigen Nagold entlang und aus Pforzheim hinaus. Kurz vor Unterreichenbach unterqueren wir die B463 und überqueren nun zur Abwechslung einmal die Nagold und schlagen uns am Waldparkplatz rechts auf dem Radweg in den Bannwald Klebwald.

Zurück nach Bad Liebenzell Wir passieren die Flößerstadt Unterreichenbach auf der anderen Nagoldseite, dann den Ort Dennjächt, den Eingang ins Monbachtal und die Wasserstube Nonnenwaag. Vorbei am Sportplatz nähern wir uns nun bereits Bad Liebenzell und fahren über den Ulmenweg und später die Regulastraße geradeaus bis zum Bahnhof Bad Liebenzell und dem Parkplatz zurück.

Monbachtal

Das Monbachtal liegt an der B463 von Pforzheim Richtung Calw, circa zwei Kilometer vor Bad Liebenzell. In diesem wunderbar naturbelassenen Stück »Schwäbischer Urwald« werden sich alle wohlfühlen, die es gerne wildromantisch mögen. Der Monbach schlängelt sich durch die enge Schlucht mit dem Bannwald-ähnlichen Schluchtwald. Riesige bemooste Felsabbrüche, Totholz, ein Wasserfall und wassernah viele große Farne bilden ein interessantes Habitat. Selbst den seltenen Eisvogel kann man mit etwas Glück hier beobachten. Durch den schattigen, engen Taleinschnitt herrscht hier selbst im Hochsommer eine angenehme Kühle.

4 Ursprüngliches Eyachtal

Hier ist die Zeit stehen geblieben

Mittel | 50 km | 900 Hm | 4.30 Std.

Tourencharakter
Wir fahren auf erdgebundenen und geschotterten Waldwegen, innerorts auf Asphalt.

Ausgangs-/Endpunkt
Dobel, Kurhaus, Neue Herrenalber Str. 11, 75335 Dobel. Großer Parkplatz am Kurhaus, April bis November gebührenfrei, sonst € 3,00 pro Tag.

Anfahrt
ÖPNV: Aus Pforzheim mit der Buslinie 716 (50 Minuten). Aus Karlsruhe mit der Straßenbahn Linie 1 bis Bad Herrenalb. Von dort mit den Buslinien 716, X63 oder 719 nach Dobel. Fahrradmitnahme schwierig, unbedingt vorher abklären.
Pkw: A5 Basel–Karlsruhe, Ausfahrt Ettlingen, Wattkopftunnel Richtung Bad Herrenalb/Dobel. A8 Stuttgart–Karlsruhe, Ausfahrt Pforzheim-West, B294/L340 nach Dobel

Einkehr
Gasthaus Eyachmühle, Eyachmühle 14, 75335 Dobel, Tel. 07081/384109, www.eyachmuehle.com
Klosterscheuer Bad Herrenalb, Im Kloster 14, 76332 Bad Herrenalb, Tel. 07083/4005, www.Klosterscheuer.de

Karten und Infos
Publicpress Radwanderkarte Karlsruhe und Umgebung; Lokale Radkarte bei der Kurverwaltung Dobel, Neue Herrenalber Str. 11, 75335 Dobel, Tel. 07083/74513

Eine beeindruckende Rundtour durch das Eyachtal zum Wildsee und über die Schwanner Warte zurück zum Dobel. Hier lässt sich der Nordschwarzwald noch in seiner wahrscheinlich ursprünglichsten Art erleben und ist längst nicht so überlaufen wie die bekannten Hotspots.

Über die Tour Ein sonniges Hochplateau auf 720 Metern Höhe im Nordschwarzwald, umgeben von einem schier endlosen Waldteppich – so erscheint der heilklimatische Kurort Dobel dem Besucher. Schon von Weitem grüßt der imposante Wasserturm, das Wahrzeichen Dobels nahe dem Kurpark. Von dort bietet sich eine imposante Aussicht – unter anderem auf den Europaweg, der als Rundtour ins Eyachtal und zurück führt. Gesäumt ist der Weg von zahlreichen Rastbänken, die originell in den Farben einzelner europäischer Mitgliedsländer gestaltet sind.

Unsere Radrunde führt an einer schier endlosen Zahl Wanderhütten vorbei – könnte also auch Hüttentour heißen – und durchquert etliche hochromantische, von der Welt vergessene Bach- und Flusstäler.
Bereits in der Eiszeit hat ein Gletscher das heutige Eyachtal aus dem Buntsandstein herausgehobelt. Die Eyach wird aus verschiedenen Quellen des riesigen, umgebenden Waldgebiets gespeist und führt so sauberes Wasser, dass es keinen Mangel an Schwarzwaldforellen gibt. Die Reinheit der Flüsse im Nordschwarzwald ist legendär, denn auch die anderen Fließgewässer, denen wir in dieser Oase von Ruhe und Abgeschiedenheit zahlreich begegnen, sind verschmutzungsfrei.
Auch die Quellen im Hochmoor um den Wildsee speisen Bächlein und Bäche, die ohne jede Verbauung frei fließen und von naturbelassenen Wiesen, Auwäldern oder Schluchtwäldern umgeben sind. Damit das so bleibt, schützt diese Nordschwarzwaldtäler um das Eyachtal, das Rotenbachtal oder das Enztal ein Naturschutzgebiet. Einen besonderen Höhepunkt der Naturwiesen stellt die »Große Wiese« dar. In ihr fließen die beiden Bäche Dürreych und Brotenau zusammen, die ab dort den Fluss Eyach bilden, der später im Tal zwischen Höfen und Rotenbach in die Enz mündet.

Linke Seite: Naturoase Wildsee

Rechte Seite: Der Brotenaubach passiert die Rotwasserhütte im Brotenautal

Am »Dobler Blick« bietet die »Kaltenbronner Jägerschaukel« fesselnde Schwarzwaldsicht.

Wegverlauf Wir starten am Kurhaus-Parkplatz und biegen gleich rechts in die Wildbader Straße ein, die aus dem Ort führt. Nach einer Linkskurve befahren wir die Lehmannstraße, die nach kurzer Zeit als Lehmannsweg in den Wald führt. Wir stoßen auf den Kreuzrainweg, dem wir links folgen, vorbei an der Sommerhaldenhütte weiter in Richtung Lehmannshof-Brückle und Grillstelle Lehmannshof, die wir nach zwei Spitzkehren erreichen.

Wir passieren links vom Weg die Große Wiese mit dem Dürreychbach, biegen am Ende der Wiese links auf den Weg vorbei an der Großen Wiesenquelle Richtung Rotwasserhütte im Brotenautal. Auf dem Brotenauweg, der neben dem gleichnamigen Bach verläuft, passieren wir die Hütte und ziehen durch den Wald leicht ansteigend hinauf bis zum ehemaligen Forst-

Wildsee und Wildseemoor

Der faszinierende Wildsee zwischen Gernsbach und Bad Wildbad gilt nicht nur als der größte Hochmoorkolk (auch »Moorauge«) Deutschlands, das ihn umgebende Wildseemoor auf dem Bergplateau ist das größte Hochmoor des gesamten Schwarzwalds. Um die von menschlichen Einflüssen freie Entwicklung der hier verknüpften Ökosysteme Hochmoor, Moorrandkiefern- und Moorrandfichtenwald mit ihrer ganz speziellen Flora und Fauna zu sichern, steht das Areal um Wildsee und Hornsee als Schutzgebiet Wildseemoor unter strengem Naturschutz. Auch ist die Gegend um den See als Bannwald ausgewiesen und wurde im Jahr 2000 mit dem Naturschutzgebiet Hohlohsee und seinen schützenswerten Wäldern zum Naturschutzgebiet Kaltenbronn zusammengefasst.

haus Brotenau. Es geht weiter bergan und nach einer scharfen Rechtskurve und später einem scharfen Linksknick erreichen wir die Kreuzlehütte und befinden uns jetzt auf fast 900 Metern.

Extrem sauberes Wasser: In den Seitenbächen der Eyach finden sich Schwarzwaldforellen.

Von Hütte zu Hütte Wir halten uns links auf dem Oberen Hornweg, auf dem wir den Hornberg umrunden, und staunen am Aussichtspunkt Kaltenbronner Jägerschaukel über den Wahnsinnsblick über das Naturschutzgebiet. Gleich darauf erreichen wir die Weißensteinhütte, wo rechts der Fußweg zum Wildsee abgeht, und biegen dort aber links zum Wandergasthaus Grünhütte ab. Hier nehmen wir links den Neuen Grünhüttenweg, der uns kerzengerade zum Lehenhüttle und dem Lehenbrückle bringt.
Geradeaus leicht bergab auf dem Alten Linienweg, dann halb links weiter auf dem Neuen Linienweg, vorbei am Wegpunkt Kriegswaldhalde kommen wir zur Kreuzung Wildbader Teich, wo wir halb links auf den Spitzhüttenweg einbiegen, der uns folgerichtig in einem langen Schwung mit Rechtskurve zur Spitzhütte leitet. An der Kreuzung radeln wir geradeaus weiter durch den Wald auf den Stephanswasen zu.
Dort nehmen wir halb links den Eyachschneisenweg zur nahe gelegenen Stephanwasenhütte und weiter zur Brandhütte, wo wir wieder halb links dem Brandweg folgen. Auf dem geht es jetzt durch den Wald stetig bergab, bis wir nach einer Rechts-

Auf der alten Klostermauer hat eine Kiefer mit dem Torbogen des Paradieses eine tragfähige Einheit gebildet.

kurve die Kreuzung Bannwaldschrat erreichen und dort scharf links auf den Großenzhaldenweg einbiegen, der uns, vorbei am Karl-Bierhalter-Haus, kurz rechts auf die L340 führt, die wir vor

Klosterruine Bad Herrenalb mit »Wunderkiefer«

1148 gründeten die Zisterzienser auf dem Gebiet der heutigen Stadt Bad Herrenalb das Kloster Herrenalb, das um 1289 erst in den Einflussbereich der Markgrafen von Baden und ab 1338 unter Schirm und Schutz der Grafen von Württemberg fiel. Wie viele andere Klöster wurde es im großen Bauernkrieg 1525 geplündert und verwüstet. 30 Jahre später richtete der Württemberger Herzog Christoph im Kloster eine evangelische Klosterschule ein, die allerdings nur bis 1595 Bestand hatte. Die endgültige Auflösung des Zisterzienserklosters erfolgte schließlich 1649, nachdem vorher im Dreißigjährigen Krieg schwerste Beschädigungen durch schwedische Truppen stattgefunden hatten.

Heute zieht eine stattliche Kiefer als biologische Besonderheit die Blicke auf sich. Sie wächst wie von Zauberhand auf der alten Klostermauer des Paradieses, der romanischen Vorhalle des ehemaligen Klosters. Schon seit etwa 200 Jahren behauptet sie dort unbeirrt ihren Platz gegen Wind und Wetter, scheinbar ohne jeglichen Bodenkontakt. Des Rätsels Lösung: Ähnlich der Situation in alten asiatischen Tempelanlagen haben sich die Wurzeln des Baumes durch das Gemäuer ihren Weg in das Erdreich gesucht, von wo aus sie sich mit Wasser und Nährstoffen versorgen.

der Eyachbrücke am Bahnhof sofort links wieder auf die Kreisstraße parallel zur Bahnlinie verlassen.

Über den Aussichtsturm zurück nach Dobel Nach kurzer Fahrt biegen wir halb rechts auf die Fuhrmannstraße ein und verbleiben ganz eng an der Bahnlinie bis zum Bahnhaltepunkt Rotenbach, wo wir dann links in den Schwabstichweg abbiegen, der nun wieder durch das Eyach- und Rotenbachtal sanft ansteigt. Beim ersten Abzweig nehmen wir geradeaus den Rotenbachweg bis zur L399, auf der wir bis zum Ortseingang Straubenhardt mit dem Aussichtsturm Schwanner Warte bleiben.

An der Kreuzung am Ortseingang halten wir uns halb links und befahren nun den berühmten Westweg, der vom Schwarzwaldverein mit der roten Raute markiert wird. Wir radeln durch den Wald zu den Herzogswiesen weiter zum Wegpunkt Bücherweg, wo es rechts auf dem Neusatzer Sträßle weitergeht. Vorbei an Windrädern biegen wir am Wegpunkt Stollenumkehrhütte links auf den Kohlrankweg, der uns bis zum Waldparkplatz Dobel führt. Dort biegen wir rechts auf die Hauptstraße ein, die geradeaus exakt auf den Parkplatz am Kurhaus und das Ende der Runde zuläuft.

Direkt am Kurhaus Dobel liegt der Wanderparkplatz. Im Hintergrund grüßt der Wasserturm.

5 Hornisgrinde: Gipfel der Superlative

Dem Himmel entgegen

Mittel/Schwer | 36 km | 860 Hm | 3 Std.

Tourencharakter
Wir befahren vorwiegend Wald- und Wanderwege, teilweise geschottert, teilweise engere Pfade, innerorts auf Asphalt.

Ausgangs-/Endpunkt
Forbach-Hundsbach, Parkplatz Weiherbrücke, Ecke Hundseckstraße/Kapellenstraße, 76596 Forbach-Hundsbach. Gebührenfrei.

Anfahrt
ÖPNV: Mit der Murgtalbahn S 8/S 81 von Rastatt oder von Freudenstadt nach Forbach. Mit dem KVV-Bus nach Hundsbach. Fahrradmitnahme im Bus nur sehr begrenzt möglich.
Pkw: Aus Freudenstadt über die B 462 bis Raumünzach. Dort zunächst wechseln auf die L 83, dann die L 80b bis Ortsmitte Hundsbach. Aus Baden-Baden über die B 500 bis Hundseck und von dort auf der L 80b bis Ortsmitte Hundsbach.

Einkehr
Grinde-Hütte, Hornisgrinde 12, 77889 Seebach, Tel. 07842/4273897, www.grindehuette.de
Steakhaus Kaminstub'n am Wolfsbrunnen, Ruhesteinstr. 84, 77889 Seebach, Tel. 07842/4590099, www.kaminstubn-seebach.de

Karten und Infos
Kompass Karten-Set 886 Schwarzwald Nord, Publicpress Rad- und Wanderkarte Freudenstadt, Baiersbronn

Auf und um die Hornisgrinde führt uns diese Tour. Dabei handelt es sich mit 1164 Metern Höhe nicht nur um den höchsten Gipfel im Nordschwarzwald: Die Hornisgrinde bildet auch den einzigen Nationalparkberg im gesamten Bundesland Baden-Württemberg.

Über die Tour Dieser markante Bergrücken im nördlichen Schwarzwald weist gleich mehrere Besonderheiten auf. Meteorologisch betrachtet ist er der Regenberg des Schwarzwalds, denn außerhalb der Alpen kommen auf seinem 1164 Meter hohen Sattel jährlich mit 2200 Litern pro Quadratmeter die meisten Niederschläge in Deutschland herunter. Auf dem abgeflachten Hornisgrinden-Rücken findet sich ein bis zu sieben Meter dickes Moor, das den Südgipfel fast vollständig bedeckt. Das Moor und die weitestgehend baumfreie Feuchtheide haben unabhängig

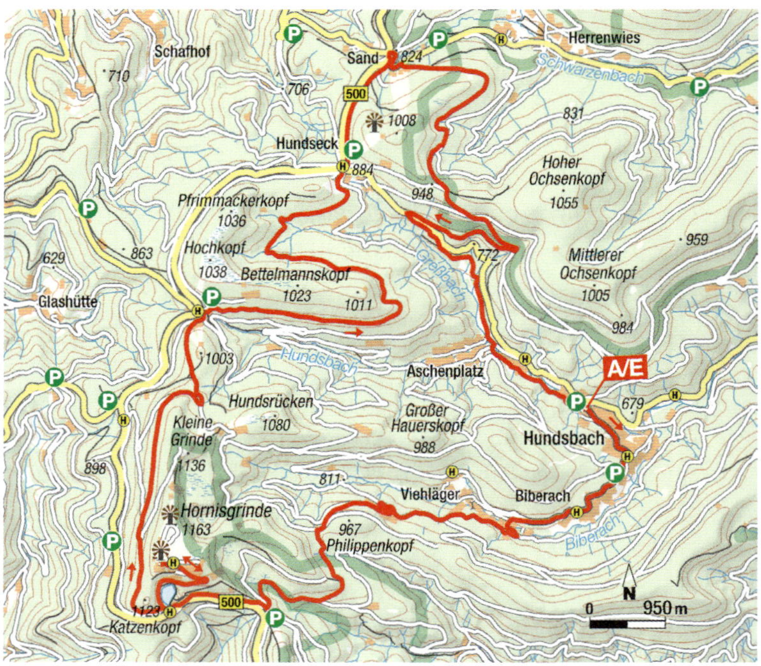

von der Jahreszeit ihre Reize, wenn z.B. im Frühjahr das Wollgras blüht, abgelöst von der Heideblüte im Sommer und dem rot-orangen Farbenspiel im Herbst. Insbesondere bei Inversions-Wetterlage, wenn über der Rheinebene der Nebel wabert, faszinieren die Ausblicke vom Grindensattel hinüber zu den Vogesen – und vor allem Sonnenauf- und -untergänge ziehen Wanderer und Biker auf den Gipfel.

Still ruht der See: der Mummelsee, nachdem der Morgennebel sich lichtet, vor dem Einfall der Massen.

Vor dem Weg hinauf zum Gipfel passieren wir den Mummelsee, eines der am stärksten frequentierten touristischen Ziele im gesamten Schwarzwald und meist mit ziemlich Betrieb. Trotzdem lohnt sich zumindest ein langer Blick. Der schmale Seerundweg ist allerdings aufgrund der vielen Wanderer dort für Fahrräder gesperrt.

Auf der weiteren Strecke um die Hornisgrinde herum genießen wir immer wieder grandiose Aussichten in den Schwarzwald hinein und über das Bühlertal bis zu den Vogesen. Auch verschiedene Lost Places liegen an unserem Weg, denn an der Schwarzwaldhochstraße verwahrlosen seit Jahren leider einige alte Luxushotels, um die sich niemand so richtig zu kümmern scheint.

Vom Mummelsee aus schraubt sich der Waldweg stetig ansteigend hinauf zum Grindesattel.

Wegverlauf Am Parkplatz folgen wir der Kapellenstraße linker Hand bergauf, biegen an der Kirche rechts ab, passieren den Waldparkplatz Hauerskopf und rollen nach Biberach hinab. Vorbei am ehemaligen Kurhaus geht es links geschottert bergauf. Nach den letzten Häusern dem rechten Weg entlang des Bachs folgen. Leichter Anstieg durch den Wald bis zur Rieder Hütte und dem Sasbachrieder Brünnele.

Über das Seibelseckle zum Mummelsee Scharf links und gleich darauf wieder scharf rechts, an der nächsten Gabelung halb links und wieder steiler bergauf. An der Balzgänger-Kreuzung geradeaus Richtung Hinterer Brand und Untergrinden. Auf teils sandigem, dann wieder geschottertem Weg arbeiten wir uns in Richtung Pommertsbrunnen hinauf, biegen dort links ab, hoch zum Seibelseckle. Da nehmen wir den Schotterweg rechts in Richtung Mummelsee und erreichen – uns weiter rechts haltend – die Kapelle und den großen See-Parkplatz am Mummelsee-Hotel. Wir überqueren den Parkplatz und biegen hinter dem Hotel auf die asphaltierte Straße ein, die im Rechtsbogen hinter einer Schranke (die wir umfahren können) durch den Bergwald nach oben zieht.

Hornisgrindeturm

Kein Schwarzwaldberg ohne Aussichtsturm! Folgerichtig ist auch auf der Hornisgrinde einer zu finden. Initiiert und realisiert wurde der Bau des 23 Meter hohen Turms 1910 durch den Badischen Schwarzwaldverein, wobei Schwarzwälder Buntsandstein verbaut wurde. Bis 1942 war der Turm auf dem Hornisgrindensattel oberhalb des Mummelsees ein höchst beliebtes Ausflugsziel. Nach der kriegsbedingten Sperrung des Areals erst durch die deutsche Luftwaffe, später durch die französischen Militärs als Besatzungsmacht, blieb der Öffentlichkeit für fast 60 Jahre der Zugang verwehrt. Erst 1999 haben die Gemeinde Seebach und die Waldgenossenschaft Seebach ein für den Tourismus wieder lohnendes Ziel geschaffen.

Über die Hornisgrinde nach Unterstmatt Auf dem Gipfelplateau bietet sich natürlich eine Rast an. Es gibt allerhand zu sehen und zu bestaunen. Aber je nach Tageszeit sollte man sich die Verweilzeit entsprechend gut einteilen, schließlich haben

Der mittlerweile denkmalgeschützte Hornisgrindeturm mit seinen dicken Sandsteinmauern wurde 1910 erbaut.

Dreifürstenstein auf der Hornisgrinde

Der historische Messpunkt stellt heute die Gemarkungsgrenze zwischen den badischen Gemeinden Sasbach und Seebach sowie der württembergischen Gemeinde Baiersbronn dar. Am südöstlichen Rand des Hornisgrinden-Hochplateaus liegt in einem kleinen Waldstück versteckt der Dreifürstenstein. Er besteht – wenig spektakulär, aber geschichtlich interessant – aus einer großen Buntsandsteinplatte, inmitten kleiner Felsrücken. Diese Stelle wurde im Jahr 1722 zur endgültigen Grenzmarkierung zwischen den damaligen Herrschaftsgebieten der Markgrafschaft Baden, dem Herzogtum Württemberg und dem Fürstbistum Straßburg bestimmt. Mit exakt gemessenen 1154 Metern stellt der Dreifürstenstein den höchsten Punkt Württembergs dar.

wir noch ein ganzes Stück vor uns. Wir rollen die Asphaltstraße wieder zurück bis zur Schranke und halten uns dort rechts und radeln in einer lang geschwungenen Rechtskurve oberhalb der Schwarzwaldhochstraße auf dem Waldweg. Es geht unterhalb der Kleinen Grinde vorbei an der Alten Laufer Skihütte, bis wir auf einen Schotterweg stoßen, dem wir links hinab über die Wegkreuzung Kleines Muhr nach Unterstmatt folgen.

Durch den Wald nach Sand

Dort biegen wir gleich hinter dem Gasthaus Tanne rechts in den Bettelmannshaldenweg ein und folgen der geschotterten Piste durch den Wald. Nach einem Linksbogen überqueren wir auf einer Brücke den Greßbach, halten uns am nächsten Abzweig links weiter auf dem Weg in Richtung Hundseck. Wir queren den Skihang, queren die L80b, biegen vor dem Gasthaus rechts ab, dann gleich wieder links vor dem Lifthang in Richtung Parkplatz und fahren am Parkplatzende geradeaus auf

Links: Die Bobbahn am Mehliskopf mit Steilkurven und Jumps ist ganzjährig geöffnet.

Rechts: Die Biberacher Schwallung mit dem Hundsbach

dem Harzweg in den Wald. Wir erreichen Sand, biegen vor dem Alten Kurhaus rechts auf die L83 und folgen ihr ein kurzes Stück bergab bis zum Parkplatz des Freizeitzentrums Mehliskopf. Wir biegen erst auf den Parkplatz ein und folgen dann halb links der Oberen Ochsenkopfstraße zwischen Klettergarten und Bobbahn geradeaus bergauf. Es folgen eine Rechts-, eine Links- und wieder eine Rechtskurve. Am Abzweig Grünwinkel halten wir uns rechts steil bergauf, bis wir die Östlichen Dreikohlplatten erreichen.

Versteckt im Wald, aber historisch interessant und ausgeschildert: die mächtige Sandsteinplatte Dreifürstenstein

Zurück nach Hundsbach Ab hier wird der Weg anspruchsvoller und erfordert volle Aufmerksamkeit, denn wir biegen halb rechts abwärts auf den schmalen Pfad Kirchweg ein, queren einen Forstweg und folgen dem rustikalen Trail hinab ins Studentenloch. Unten scharf rechts auf die geschotterte Untere Birkenaustraße, die uns jetzt wieder eben zur L80b führt. Die queren wir und nehmen in einem scharfen Linksknick den Schotterweg bergab nach Hundsbach. Der Weg führt uns zwischen Waldrand und Wiesen durch das Greßbachtal, bis die ersten Häuser von Hundsbach-Aschenplatz auftauchen. Nach einem kurzen Asphaltstück biegen wir rechts ab, überqueren die Brücke über die Raumünzach und biegen gleich danach links ab auf die Straße Aschenplatz, die uns nach kurzer Fahrt zurück zum Tourstart an der Weiherbrücke bringt.

Kurhaus Sand und Sandsee

Ein Lost Place wie aus dem Bilderbuch: Stillstand und Tiefschlaf seit über 20 Jahren für das einst legendäre Kurhaus an der Schwarzwaldhochstraße zwischen Bühlerhöhe und Unterstmatt. Der Bau aus dem Jahre 1890 war ein Grandhotel im Schweizerhaus-Stil mit mehreren Gebäudeteilen und eigenem Skilift. Trotz des langen Leerstandes sind im Gebäudeinneren etliche Räumlichkeiten wie z. B. das getäfelte Jagdzimmer mit Geweihen, ausgestopften Tierköpfen und Kruzifixen im Originalzustand erhalten. Der zum Kurhaus Sand gehörige ehemalige Bade- und Bootssee liegt idyllisch versteckt im Wald unweit des Mehliskopfs und ist auf jeden Fall einen Stopp wert.

6 Oberes Nagoldtal

Burgen, Schlösser und Ruinen

Leicht | 46 km | 350 Hm | 3.30 Std.

Tourencharakter
Wir fahren vorwiegend auf Radwegen, geschotterten oder erdgebundenen Wald- und Wanderwegen, innerorts auf Asphalt.

Ausgangs-/Endpunkt
Marktplatz Altensteig, Parkhaus am Marktplatz, Poststraße 49/1, 72213 Altensteig

Anfahrt
ÖPNV: Mit der DB oder der S-Bahn bis Herrenberg, ab dort mit der Bahn bis Nagold. Von dort Bustransfer. Fahrradmitnahme schwierig. Altensteig ist auch mit dem Bus von Herrenberg oder Freudenstadt erreichbar.
Pkw: A 81 Ausfahrt Herrenberg, weiter Richtung Nagold, dann auf der B 28 weiter Richtung Altensteig.

Einkehr
Landgasthof Hirsch, Simmersfelderstr. 24, 72213 Altensteig-Überberg, Tel. 07453/8290, www.hirsch-altensteig.de
Restaurant Talblick, Bahnhofsträßle 6, 72218 Wildberg, Tel. 07054/5247, www.talblick-wildberg.de

Karten und Infos
Lokale Karten über Tourismus GmbH Nördlicher Schwarzwald, Tel. 07052/8169770. Publicpress Radwanderkarte Nördlicher und Mittlerer Schwarzwald.

Ein Hauch Mittelalter umgibt uns auf dieser Runde. Mit Altensteig, Nagold und Wildberg liegen gleich drei zauberhafte Städtchen am Fluss, der uns parallel zum Nagoldtal-Radweg die erste Hälfte der Strecke begleitet, bevor wir in die Schwarzwaldvorbergzone einsteigen.

Über die Tour Burgen, Schlösser und Burgruinen säumen unseren Weg durch das obere Nagoldtal, der uns die ersten 25 Kilometer auf dem gut ausgebauten und beschilderten Nagoldtal-Radweg immer in Sichtweite der Nagold leicht abwärts führt. Das will heißen: Wir können es erstmal gemütlich rollen lassen.
Wir starten in der Stäffelesstadt Altensteig (Stäffele = steile Treppen), vor allem wegen ihres malerischen und mittelalterlichen Stadtbildes bekannt.

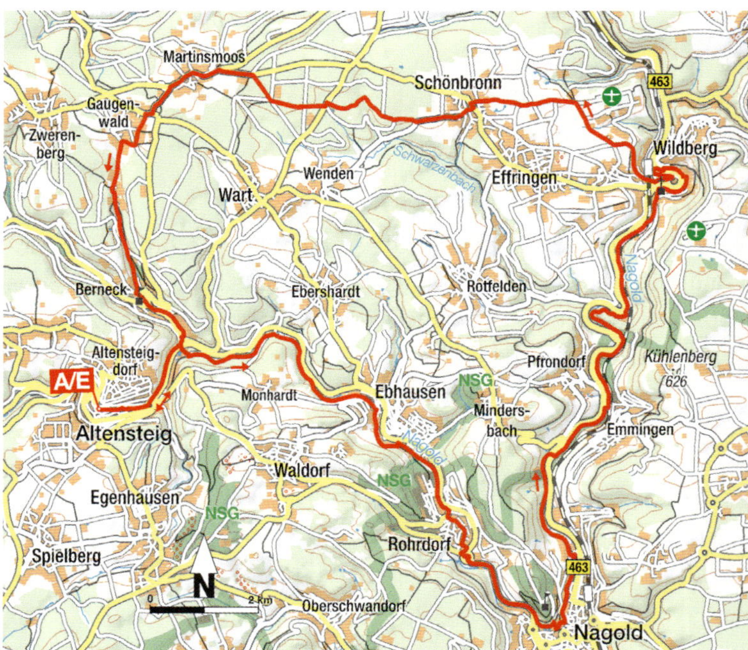

Wie Schutz und Schirm thront das im 13. Jahrhundert als Schutzburg erbaute Alte Schloss hoch über dem Stadtbild mit den alten Fachwerkhäusern. Die Anlage mit dem imposanten Wohnturm ist die einzige bis heute unzerstörte Burg des Schwarzwalds. Im Inneren findet sich ein liebevoll zusammengestelltes Geschichts- und Heimatmuseum, das Gebäude selbst mit seinem beeindruckenden Mix aus fränkischem und alemannischem Fachwerk gilt selbst als wertvolles Exponat. Nicht umsonst führt die Themenroute Deutsche Fachwerkstraße an der pittoresken Altensteiger Altstadt vorbei.

Für viele Heimatforscher gilt die mittelalterliche Burgruine Hohennagold als »Perle des Nagoldtals«. Tatsächlich gehört das weithin sichtbare Wahrzeichen unseres nächsten Etappenziels Nagold zu den größten und schönsten Burgruinen im Ländle. Altertumsforscher glauben, dass der Name von Stadt und Fluss auf die Kelten zurückgeht. Umstritten ist allerdings, ob »Nagold« wie behauptet »fließendes Gewässer« bedeutet. Eine andere – ebenfalls nicht konkret nachgewiesene – Deutung bringt den Namen der Stadt mit dem keltischen *nagaldunum* in Zusammenhang, was frei übersetzt »keltische Festung« bedeuten soll.

Wenn wir uns in Wildberg von der Nagold abwenden, grüßen von einem Sporn herab in einer Flussschleife die Reste der Burg

Schönes Ensemble: die Bürgerhäuser der Altensteiger Altstadt mit dem Alten Schloss ganz oben

Monhardter Wasserstube

Auf die lange Historie der Nagoldflößerei verweist das besondere Freilichtmuseum Monhardter Wasserstube zwischen Altensteig und Ebhausen (Foto unten). Ehrenamtler erhalten auf Vereinsbasis anschaulich die Erinnerung an lange vergangene Zeiten. Nach Plänen aus dem Jahr 1883 wurde dieses Relikt aus der großen Zeit der Nagoldflößerei vor rund 35 Jahren originalgetreu restauriert. Hier wird deutlich, wie früher die Schwarzwaldflüsse genutzt wurden, um die riesigen Mengen geschlagenen Holzes aus den nahen Wäldern bis zum Rhein und danach nach Holland zu transportieren. Auf der Wiese nebenan hat die Flößerzunft Oberes Nagoldtal einen »Wiedeofen« gebaut, der dazu dient, aus fünf Meter langen Ästen elastische Holzseile zu drehen, wie sie früher zum Zusammenbinden der Stämme zu Flößen angewandt wurden. Alle zwei Jahre feiert die Zunft an der Wasserstube ein Flößerfest mit dem Abenteuer Historische Floßfahrt (Monhardter Wasserstube, L362, 72224 Ebhausen, www.floesser-altensteig.de).

Wildberg, die im 12. Jahrhundert entstand. Von der Anlage sind ausgedehnte Teile erhalten, die heute in eine Parklandschaft integriert wurden. Das schöne Areal lädt mit zahlreichen Sitzbänken und einer weiten Aussicht zum Erkunden und Staunen ein.

Die Burg Berneck schließlich gegen Ende unserer Rundstrecke fasziniert als mächtige, aus Steinquadern zusammengesetzte Schildmauerburg, die in dieser Form für den Schwarzwald einmalig ist. Erstaunlich, dass dieses optisch fesselnde Ensemble aus Buckelquadermauerwerk mit Bergfried, Wehrgang und Ecktürmchen noch weitestgehend unbekannt ist.

Die alte Schleuse an der Nagold

Gemächlich parallel zum Fluss auf dem Nagoldtal-Radweg cruisen

Wegverlauf Vom Parkhaus aus halten wir uns rechts auf der Poststraße, biegen am kommenden Abzweig links über die Nagoldbrücke ab, hinter der wir rechts in die Bahnhofstraße abbiegen. Wir befinden uns jetzt bereits auf dem Nagoldtal-Radweg bzw. einem Teilstück der Tälerrunde, die den Nagoldtal-Radweg mit dem Enztal-Radweg verbindet. Den folgenden Kreisverkehr lassen wir rechts liegen und radeln links davon auf dem Radweg, Altensteig hinter uns lassend.

Am Fluss entlang nach Nagold Wir queren die parallel verlaufende Straße am Klärwerk rechts, überbrücken erneut die Nagold kurz nach ihrem Zusammenfluss mit dem Köllbach und folgen der Beschilderung des Radwegs. Wir passieren die Monhardter Wasserstube – ein sehenswertes Flößerdenkmal – und ziehen in weit geschwungenen Bögen Richtung Ebhausen, wo wir über ein Brücklein von der rechten auf die linke Flussseite wechseln und dort gleich rechts weiter auf der Uferstraße eng an der Nagold fahren.

In Rohrdorf treffen wir auf die Johanniterstraße, biegen rechts ab, wieder über den Fluss, und nehmen danach bei der Komturei links und gleich wieder links die Straße Niedenbach bis zum Kreisverkehr. Dort links auf den Malmenweg, der uns in zwei Bögen unter dem großen Kreisel an der L362 hindurch-

Burg Berneck

Im Altensteiger Ortsteil Berneck wartet die mittelalterliche Höhenburg Berneck auf einem Felssporn auf neue Entdecker. Genaues weiß man nicht, verortet die Erbauung aber in die Zeit zwischen 1050 und 1100. Da die Burg an drei Seiten von Steilhängen umgeben war, galt sie als besonders gut geschützt. Der aus gewaltigen Buckelquadersteinen erbaute »Hohe Mantel«, eine mächtige 38 Meter hohe, 2,60 Meter dicke und 22,3 Meter lange Schildmauer mit Wehrgang an der Nordwestseite tat ein Übriges, um mögliche Angreifer abzuschrecken (Foto: S. 7). Außerhalb der Stadtmauer am Westhang befindet sich das Untere Schloss. Es wurde 1768 als angenehmeres Wohn- und Verwaltungsgebäude im Rokokostil errichtet (Schloßsteige 20, 72213 Altensteig).

führt, um dann gleich rechts wieder auf die Tälerrunde einzubiegen. Der Radweg führt uns direkt nach Nagold, unterhalb der Schlossruine vorbei am Badepark, kurz durch den Stadtpark Kleb und am Zusammenfluss von Nagold und Waldach erneut über eine Brücke in die Altstadt. Dort links halten und auf der Straße Unterm Wehr dem Radweg folgen, bis wir kurz nach den Sportplätzen die nächste Brücke links über den Fluss nehmen und auf der anderen Seite rechts Am Glockenrain weiterradeln.

Bestens ausgebaut und leicht zu befahren: der Nagoldtal-Radweg

Über Wildberg nach Schönbronn Vorbei an Emmingen, wo wir nochmals die Flussseite wechseln, folgen wir dem Weg, der sich nun in vielen Kurven eng an die Nagold anlehnt, bis zum ehemaligen Kloster Reuthin und hinein nach Wildberg. Ein letztes Mal überqueren wir den Fluss, radeln an der Wildberger Stadtmauer entlang, wechseln kurz auf die B463, um nach einem ganz kurzen Stück links Richtung Bahnhof abzubiegen. Hier verlassen wir den Nagoldtal-Radweg, der nach rechts dem Fluss folgt, während wir im Linksbogen auf der Gartenstraße in die Stadt einfahren. Nach einer scharfen Linkskurve an der Martinskirche bleiben wir auf der Gartenstraße stadtauswärts, bis wir kurz vor dem Ortsende rechts bergauf den Bulacher Weg nehmen.

Durch den Wald, der sich nach kurzer Zeit öffnet, ziehen wir vorbei am Kronenhof auf asphaltierten Feldwegen nun stetig hinauf bis Schönbronn mit herrlichen Ausblicken auf Dör-

Lützenschlucht Wildberg

Einen weiteren landschaftlichen Höhepunkt in der nicht gerade schluchtenarmen Nordschwarzwaldregion stellt diese malerische Schlucht dar. Tief eingeschnitten, urwaldähnlich mit Farnen, Moosen, Buntsandsteinfelsen und abenteuerlichen Abbruchkanten, eröffnen sich hinter jeder Biegung des malerischen Wegs neue Entdeckungen. Ausgewiesen ist eine 3,7 Kilometer lange Geo-Tour, die erklärend durch mehrere geologische Zeitalter führt. Hat man nach dem Anstieg die Schlucht verlassen, bietet sich eine imponierende Aussicht auf die andere Talseite. Der Schafhof des Wildberger Stadtschäfers befindet sich gleich in der Nähe.

Malerisch und urwaldähnlich zwängt sich die Lützenschlucht auf knapp vier Kilometern durch den Nordschwarzwald.

fer und Landschaften. Wir erreichen den Ort über die Kirchgasse, biegen erst links in die Hauptstraße und gleich beim Gasthaus Löwen wieder rechts in die Eschbachstraße und verlassen Schönbronn. Wenn die Straße den Wald erreicht, nehmen wir rechts den Abzweig durch den Wald nach Martinsmoos, queren einmal die L348 und halten uns an der folgenden Wegkreuzung Bulerwaldstern halb rechts. Nach kurzer Fahrt biegen wir links in die Kreisstraße, die uns nach Martinsmoos führt, wo wir den höchsten Punkt unserer Tour erreicht haben.

Über Berneck zurück nach Altensteig Wir durchradeln den Ort auf der Hauptstraße, nehmen am Ortsende den Abzweig links auf die K4371, stoßen am Rand des Beutlerwalds auf die Wildparkstraße, knicken einmal rechts und gleich darauf wieder links in die Altensteiger Straße ab, die uns entlang von Gaugenwald führt. Nach den letzten Häusern geht es rechts in die Eichwaldstraße und beim Tannenhof wieder links bergab, entlang des Bruderbachs durch das Bruderbachtal bis Berneck. Unterhalb der Burg biegen wir links in die Schloßsteige ab und befinden uns nun wieder auf dem Radweg Tälerrunde. Nach kurzer Fahrt entlang des Köllbachs erreichen wir den alten Bahnhof Berneck, biegen dort auf den Radweg rechts ein und radeln auf dem schon bekannten Herweg zurück zum Parkhaus in Altensteig.

7 Calwer Klostertour

Den Geist Hermann Hesses spüren

Leicht/ Mittel	37 km	780 Hm	3 Std.

Tourencharakter
Wir befahren vorwiegend geschotterte oder erdgebundene Wald- und Wanderwege, innerorts auf Asphalt.

Ausgangs-/Endpunkt
Waldparkplatz Wimberg, Ernst-Rheinwald-Straße/Ecke Zavelsteiner Sträßle, 75365 Calw

Anfahrt
ÖPNV: Über Karlsruhe oder Stuttgart bis Pforzheim, weiter mit der Kulturbahn Pforzheim–Calw–Tübingen. Von Stuttgart auch mit der S 6 Stuttgart–Weil der Stadt mit Umstieg auf die Buslinie 670 nach Calw.
Pkw: Über die A 8 von Karlsruhe, Ausfahrt Pforzheim-West, weiter über die B 463 Richtung Calw. Über die A 8 von Ulm/Stuttgart, Ausfahrt Leonberg, weiter über die B 295 Richtung Weil der Stadt nach Calw.

Einkehr
Wanderheim Zavelstein, Fronwaldstraße 48, 75385 Bad Teinach-Zavelstein, Tel. 07053/88 31, www.berlins-hotel.de/de/genuss-kulinarik/wanderheim.html
Café im Kloster, Klosterhof 7, 75365 Calw, Tel. 07051/966 57 19, www.cafeimkloster.com

Karten und Infos
Lokale Karten über die Touristinformation Calw, Marktplatz 7, 75365 Calw, Tel. 07051/1673 99. Publicpress Radwanderkarte Nördlicher und Mittlerer Schwarzwald.

Eine Natur- und Kulturtour nahe der Hermann-Hesse-Stadt Calw: links von der Nagold auf das Bergplateau, hinab zur Klosterruine, im großen Bogen zur Ernstmühler Platte, den Krokuswiesen bei Zavelstein, zum Zavelsteiner Brückle und über die Rötenbachschlucht zurück.

Über die Tour Das Nagoldtal bildet die geografische Grenze zwischen dem Nordschwarzwald im Westen und dem Hecken- und Schlehengäu im Osten. Der namensgebende Fluss entspringt bei Seewald im Kreis Freudenstadt und mündet in Pforzheim in die Enz. Calw, eine Kleinstadt mit besonderem Flair und langer Geschichte, schmiegt sich im Nagoldtal an die Schwarzwaldhügel. Keiner, der hier durch die Altstadtgassen flaniert, kann sich dem Charme der Stadt mit den vielen Fachwerkhäusern entziehen. Atmet sie doch an fast jeder Ecke den

Marktplatz Calw mit dem Hesse-Geburtshaus (2. v. r.)

Gut befahrbare Wege führen in den Hangwald.

Geist ihres berühmten Sohns Hermann Hesse. Aber auch der Schwarzwald um Calw herum weiß zu begeistern. Die Region wird ja gerne als Tor zum Schwarzwald bezeichnet und bietet neben wildromantischen Schluchten, mystischen Mooslandschaften und dunklem Tannengrün auch den Einstieg in die Schwarzwälder Bergwelt, die sich am Horizont aufreiht.

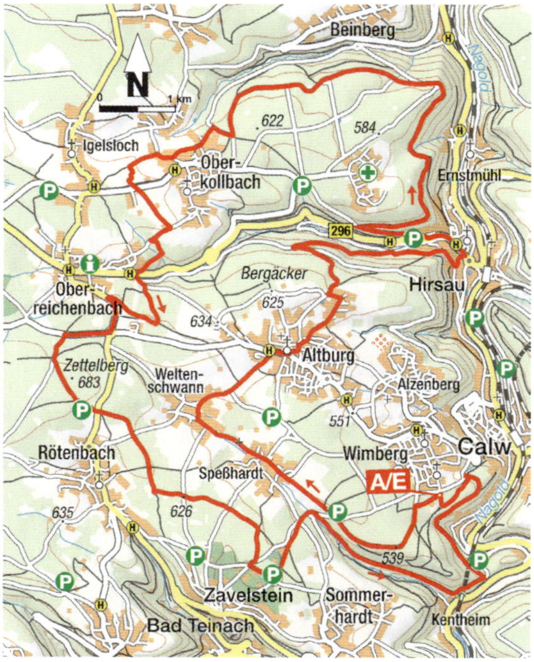

Zum typisch Schwarzwälder Auf und Ab der Radwege und Trails wechseln sich auf dieser Runde dichte Hangwälder und waldfreie Hochplateaus mit und ohne landwirtschaftliche Nutzung ab. Höhlen, Moore und Bannwälder liegen am Weg und die Schlussetappe auf dem Rötelbachweg mit seinen imposanten Felsformationen entlang des Zigeunerbergs macht noch einmal ordentlich Laune.

Kulinarisch interessierte Leser möchte ich noch gerne ermuntern, Berlins KroneLamm in Zavelstein zu besuchen, wenn sie hier in der Gegend sind. Dort kochen ein junger Sternekoch und sein Team saisonal und regional in zwei Restaurants auf wunderbarem Niveau, ohne auch nur im Geringsten gestelzt oder überkandidelt zu wirken.

Wegverlauf Wir halten uns am Waldparkplatz im Wald nach links auf den Sonnenhangweg und biegen kurz danach wieder links auf den Wanderweg vorbei am Wildschweingehege ein. Vorbei am Wölflesbrunnen ziehen wir in großem Linksbogen nach oben Richtung Speßhardt. Die Route verlässt den Wald und wir folgen der Kohlerstraße, später Rötelbachstraße, vorbei am Friedhof nach Weltenschwann.

Dort biegen wir rechts in die Dorfwiesenstraße ein, die uns zwischen Feldern, jetzt als Weltenschwanner Straße, nach Altburg führt, wo wir auf die Schwarzwaldstraße treffen. Wir biegen rechts ein und nehmen beim Gasthaus Hirsch den Abzweig Klösterle links, biegen beim Postbrunnen links in die Schlossstraße und gleich darauf rechts in die Spindlershofstraße ein, die uns nach Spindlershof bringt.

Hinab ins Schweinbachtal Durch den Ort bergan, am Ortsende in die Bergstraße links einbiegen, nach dem letzten Haus rechts in den Holzwasenweg und in den Wald. Links auf Schotter bergab, vorbei an der Holzwasenhütte ins Schweinbachtal, bis zu einer Spitzkehre, dort scharf rechts in den Calmbacher Weg, der uns hinunter zum Wasserbehälter Schweinbachtal bringt.

Dort nehmen wir den Weg Alzenbrunnenplanie halb rechts, weiter bergab, dann in einer Linkskurve nach Hirsau bis zur B296 hinab. Links einbiegen, vorbei an der Klosterruine und nach einer Linkskurve am

Kloster Hirsau

Unter den Klöstern in Baden-Württemberg nimmt das ehemalige Benediktinerkloster Hirsau einen ganz besonderen Platz ein. Es war im 11. und 12. Jahrhundert ein sehr bedeutendes deutsches Reformkloster und eine cluniazensische Stätte (ausgehend von der Reform-Abtei von Cluny im Burgund). Die Basilika St. Peter und Paul war dreischiffig, eine der größten romanischen Kirchen im Südwesten und Musterbeispiel für eine Menge anderer Klosterkirchen, bis sie im Pfälzischen Erbfolgekrieg 1692 durch französische Truppen zerstört wurde. Die ursprünglich romanische Klosteranlage wurde im Laufe der Jahrhunderte durch andere Baustile erweitert. So mit der spätgotischen Marienkapelle (bis heute kirchlich genutzt), oder dem prächtigen Jagdschloss der Württemberger Herzöge im Stil der Renaissance, in dem nach seiner Zerstörung die aus einem Uhland-Gedicht berühmte Ulme wuchs. Das Klostermuseum gibt einen umfassenden Einblick in die Historie und das Leben der Benediktiner in Hirsau (Kloster Hirsau, Klosterhof, 75365 Calw-Hirsau, Tel. 07051/59015).

Die imposante Klosterruine Hirsau vereint verschiedene Bauepochen des Mittelalters.

Ortsende die Bundesstraße rechts auf der Alten Badstraße wieder verlassen. Es geht geschottert bergauf, bis wir am ersten Abzweig spitz rechts in den Oberen Bruderbergweg abbiegen.

Über Oberkollbach nach Oberreichenbach Wir passieren den Sender Nagoldtal und die Bruderhöhle und radeln an der Hütte Ernstmühler Platte vorbei, halten uns dort links auf dem geschotterten Hohrißweg Richtung Oberkollbach. An der folgenden 5-Wege-Kreuzung steigen wir halb links leicht bergan und biegen beim Wegpunkt Tiroler Wald rechts auf den Zainenerweg, von dem wir nach kurzer Fahrt links auf den Beinberger Weg einbiegen, der uns nach Oberkollbach führt. Wir kreuzen dort die Igelslocher Straße, nehmen den ersten Pfad links, queren nach einem Linksbogen die Alte Badstraße und fahren am Sportplatz vorbei bis zur Oberreichenbacher Straße.

In die biegen wir rechts ein, halten uns am Waldrand links und erreichen Oberreichenbach auf dem Schotterweg beim Gasthaus Löwen. Wir queren die Bundesstraße und ziehen links in die Altburger Straße, beim ersten Abzweig rechts auf den Kohlackerweg und gleich darauf bei der Wegkreuzung scharf links auf den Brunnbuschweg bis zur L346. Wir folgen links dem Radweg und biegen am Kreisverkehr rechts in die Kreisstraße sowie kurz darauf links in die Weinstraße ab.

Trail oberhalb der Klosterruine Hirsau im Wald

Zurück nach Calw An der Kreuzung Streuwaldkiefer biegen wir links Richtung Parkplatz an der L346, dem Aussichtspunkt Zettelberg, ein. Wir queren die Landstraße, folgen dem Höhenweg bis zur großen Waldwiese, wo wir links abbiegen. Wir queren

Hermann-Hesse-Stadt Calw

Bekannt dürfte Calw den allermeisten durch den klangvollen Beinamen Hermann-Hesse-Stadt sein. Zurecht ist man stolz auf den berühmtesten Sohn der Stadt und gibt Kultur und Kunst einen festen Platz, selbstverständlich auch den Werken des geschätzten Schriftstellers und Dichters. Und in der Tat, man begegnet dem weltweit meistgelesenen deutschsprachigen Schriftsteller des 20. Jahrhunderts auf Schritt und Tritt. Das Hermann-Hesse-Geburtshaus am Marktplatz, das Hermann-Hesse-Museum, die Hermann-Hesse-Statue auf der Nikolausbrücke, das Hermann-Hesse-Festival, unterstützt von Hesse-Fan Udo Lindenberg und seiner Stiftung. Bei einem geführten literarischen Streifzug durch Calw kann man den Spuren des 1877 hier geborenen Hesse folgen, ebenso bei der Hermann-Hesse-Wanderung oder auf dem Hermann-Hesse-Weg im Calwer Stadtgarten mit seinen 37 Stelen.

Statue des Schriftstellers Hermann Hesse

zwei weitere Straßen und folgen dem Pfad über den Hecken. Im leichten Rechtsbogen verlassen wir den Wald und erreichen das Wanderheim Zavelstein.

Das lassen wir links liegen und fahren nach 200 Metern links am Naturschutzgebiet steil bergab bis zum Zavelsteiner Brückle und biegen hinter dem Brückle rechts in den Rötelbachweg ab, der uns weiter bergab leitet. An der Kreuzung wechseln wir auf den unteren Weg linker Hand, der jetzt wieder bergauf Richtung Calwer Schafott zieht. Nach einer Rechtskurve und einer Linksschleife erreichen wir die Steinerne Bank, biegen dort scharf links auf den Schafottweg ein und folgen von dort dem Abzweig rechts zurück zum Waldparkplatz Wimberg.

Krokuswiesen Zavelstein

Alljährlich lockt die wärmende Frühlingssonne Besucherscharen auf die Krokuswiesen des Zavelsteins. Dort sorgen Millionen von Blüten in allen denkbaren Farbschattierungen zwischen Weiß und tiefem Violett für ein unvergleichliches Naturschauspiel. Die Gemeinde hat einen ca. 3,8 Kilometer langen Spazierweg durch das Naturschutzgebiet »Zavelsteiner Krokuswiesen« angelegt, auf dem mittels Schautafeln die Historie des Naturschauspiels erläutert wird. Den aktuellen Stand der Krokusblüte erfahren Interessierte über das Krokustelefon: 07053/9205045.

Blick von der Höhe in Richtung Nagoldtal

8 Tour de Murg

Dem wilden Fluss abwärts folgen

Leicht | 64 km | 100/730 Hm | 4 Std.

Tourencharakter
Wir befahren ruhige Landstraßen und verkehrsfreie Radwege. Einige unbefestigte Streckenabschnitte sind sehr gut ausgebaut.

Ausgangs-/Endpunkt
Bahnhof Rastatt, Bahnhofstraße 56, 76437 Rastatt. Die Parkplätze am Bahnhof sind gebührenpflichtig. Dann: Stadtbahnhof, 72250 Freudenstadt

Anfahrt
ÖPNV: Rastatt verfügt über einen Intercity-Bahnhof an der Rheintalbahn-Strecke Mannheim–Basel. Ab Rastatt verkehrt die Murgtalbahn nach Freudenstadt. Fahrradmitnahme ist in speziellen Radwaggons kostenlos möglich.
Pkw: Rastatt liegt direkt an der A5 Karlsruhe–Basel und hat zwei Autobahnabfahrten, Nord und Süd, je nachdem aus welcher Richtung man anfährt.

Einkehr
Schloss-Schänke, Schloss Eberstein 1, 76593 Gernsbach, Tel. 07224/99 59 50, www.hotel-schloss-eberstein.de
Das Waldhaus
Hauptstr. 2, 76596 Forbach, Tel. 07228/701 05 23
www.daswaldhaus.com

Karten und Infos
Kompass Karten-Set 886 Schwarzwald Nord

Hervorragend geeignet zum Einstieg in die neue Fahrradsaison ist diese Radtour entlang der wildromantischen Murg, da die Strecke fast ausschließlich bergab führt. Wir cruisen von den Schwarzwaldhöhen durch den Wald der Murgflößer bis hinab ins Rheintal.

Über die Tour Das Murgtal zwischen Baiersbronn und Rastatt (nicht zu verwechseln mit dem kleineren, aber ebenfalls sehr schönen Murgtal im Hotzenwald) bietet als Mehrtagestour für Wanderer, insbesondere auf dem Weg »Die Murgleiter« von der Rheinebene hinauf in den Schwarzwald, etliche Herausforderungen. Wir machen es uns auf der beliebten »Tour de Murg«-Strecke mit dem E-Bike da wesentlich leichter. Sitzen wir doch zum einen bequem auf dem Sattel und lassen zum anderen das E-Bike entspannt nahezu die gesamte Strecke bergab rollen.

Bestens ausgebauter, familiengeeigneter Radweg

Forbach an der Murg

Der Murgtal-Radweg erfüllt wesentliche Bedingungen für eine ganz entspannte Schwarzwaldradtour: kaum – und wenn, dann nur moderate – Steigungen, durchdachte fahrradfreundliche ÖPNV-Anbindung, exzellente Beschilderung des Radwegs, beeindruckende Aussichtspunkte sowie verschiedene Bademöglichkeiten entlang des Streckenrands. Schon die Auffahrt mit der Murgtalbahn von Rastatt nach Freudenstadt macht Freude. Insgesamt acht Brücken, zehn Tunnel und der Steilstreckenbetrieb vor Freudenstadt sorgen für Abwechslung.

Die Route führt uns auch durch das Feinschmecker-Mekka Baiersbronn. Baiersbronns Sterneköche haben der Nationalparkgemeinde mit ihren Michelin-Sternen zu kulinarischem Weltruhm verholfen. Vor einigen Jahren wurde Baiersbronn dafür sogar als Gourmethauptstadt Deutschlands betitelt. Ab dem Forbacher Ortsteil Gausbach wird es dann eng und wildromantisch, vorbei an Ziegenwiesen mit an-

Der Katz'sche Garten

Beeindruckender Barock- und Skulpturengarten direkt an der Murg. Ein echtes Kleinod, dessen Grundstein Anfang des 19. Jahrhunderts gelegt wurde. Als der berühmte Baumeister und Architekt Friedrich Weinbrenner die feudale, klassizistische Villa der vermögenden Murgschiffer-Familie Katz fertiggestellt hatte, ließ diese am gegenüberliegenden Flussufer von einem italienischen Gartenbauarchitekten einen für die ländliche Region ungewöhnlich aufwendigen Garten planen. Zu einem guten Teil ist der ursprüngliche Baumbestand heute noch erhalten und daher eine Seltenheit. Zu den Solitärpflanzen gehören zum Beispiel Magnolien, die zu den ältesten erhaltenen nördlich der Alpen zählen sollen, oder eine ungewöhnliche Sumpfzypresse aus Florida (Bleichstraße 9, 76593 Gernsbach, Tel. 07224/5682, Eintritt frei).

Malerisch überspannt die Holzbrücke in Forbach die Murg.

Holzbrücke Forbach

Ein echter Hingucker ist die historische Alte Forbacher Holzbrücke. Die auffällige, schöne Konstruktion spannt sich ohne Mittelpfeiler fast 38 Meter über die Murg. Das bereits 1778 von einem Karlsruher Ingenieur geplante Bauwerk ist die längste freitragende, überdachte und befahrbare Holzbrücke in Europa. Erbaut wurde sie von einem Zimmermeister aus Gernsbach aus 2714 laufenden Metern Eichenbohlen. Dafür mussten seinerzeit 150 Methusalem-Eichen gefällt werden. Um die Baukosten und den Unterhalt zu finanzieren, wurde ein Brückenzoll erhoben. Als die Brücke nicht reparable Schäden aufwies, wurde sie 1954 abgerissen und ein Jahr später an gleicher Stelle nach den alten Plänen der Zimmerei wieder errichtet. Im Jahr 1976 wurde das hölzerne Brückendach runderneuert, das dabei mit kanadischen Rot-Zeder-Schindeln neu eingedeckt wurde.

schließender rasanter Abfahrt bis nach Langenbrand. Über Weisenbach und die Gernsbacher Altstadt gelangt man dann nach Gaggenau, wo man auch am Unimog-Museum vorbeikommt.
Aufgrund der unkomplizierten Streckenbeschaffenheit ist diese Tour sehr gut mit dem Trekking-E-Bike, dem Cross-E-Bike und selbst dem City-E-Bike zu fahren.

Wegverlauf Da es sich nicht um eine Rundtour handelt, geht es zuerst mit der Bahn hoch hinauf zum Stadtbahnhof in Freudenstadt. Die Route ist

von hier aus durchgehend ausgeschildert. Wir radeln über die Martin-Luther-Straße auf den größten Marktplatz Deutschlands zu, biegen dann kurz links und sofort wieder rechts auf die Schillerstraße ein, die uns aus Freudenstadt hinausführt.
Die Route führt weiter auf der Talstraße entlang des Forbachs, an Teichen vorbei nach und durch Friedrichstal. Am Wegrand liegt auch die historische Schmiede, ein Freilichtmuseum zur Industriegeschichte des Nordschwarzwalds. Wir rollen weiter nach Baiersbronn, passieren den Bahnhof und folgen kurz vor der Murgtalstraße den Wegzeichen nach rechts. Wir kreuzen die B462 und folgen dem Kanalweg nach Klosterreichenbach.

Entlang der Murg nach Forbach Die Strecke führt uns auf schmalen Sträßchen am Murgufer durch Röt und weiter am Sulzwiesensee vorbei nach Huzenbach. Am Ortseingang müssen wir erneut die Bundesstraße queren, fahren jetzt am rechten Flussufer in Schwarzenbach vorbei am berühmten Restaurant von Sternekoch Jörg Sackmann und erreichen Schönmünzach.
Es folgt der längste stark naturbelassene – aber sehr gut befahrbare – Abschnitt der Tour, wir passieren die Murgtalsperre und das Stauwehr Kirschbaumwasen und der Weg führt uns weiter

Oft die Murg im Blick (links), führt der abwechslungsreiche Radweg durch eine malerische Fels- und Waldlandschaft (rechts).

Unimog-Museum Gaggenau

Ein rustikales, motorisiertes Arbeitspferd mit 75-jähriger Geschichte und Fans auf der ganzen Welt – das ist der Unimog. Der ulkige Name rührt von der etwas gestelzten Bezeichnung »Universal-Motor-Gerät« her, die sein Erfinder, ein ehemaliger Flugzeugmotoren-Ingenieur der Daimler-Benz AG, dem Arbeitstier für die Landwirtschaft mitgegeben hatte. Das Unimog-Museum ist seit 2006 Pilgerstätte für Fans und Fahrer des vielseitigen Trucks, denn dort wird auf 3000 m^2 die Geschichte des Kraftprotzes an ausgestellten Modellen, mittels Fotowänden, Konstruktionszeichnungen oder Filmen lebendig. Besonders Mutige überzeugen sich auf dem Unimog-Parcours persönlich von der legendären Geländefähigkeit des Alleskönners (An der B 462, Ausfahrt Schloss Rotenfels, 76571 Gaggenau, Tel. 07225/98 13 10, Di–So 10–17 Uhr).

über Raumünzach bis nach Forbach. Am Ortseingang können wir linker Hand das Ausgleichsbecken Forbach und die Staumauer des Niederdruckwehrs sehen, bevor ein Tourhöhepunkt folgt. Die historische Holzbrücke Forbach ist von unserer Route auf der Schifferstraße aus auf jeden Fall einen Foto-Stopp wert! In etwa die Hälfte der Strecke talwärts haben wir hier erfolgreich hinter uns gebracht.

Rechts und links am Fluss entlang Zur Abwechslung folgt nach Forbach nun ein Anstieg und der Radweg führt dann

Schloss Eberstein oberhalb von Gernsbach-Obertsrot

am rechten Murgufer bis nach Langenbrand, biegt in die Ortsmitte ab, um nach einer scharfen Linkskurve auf die B462 zu stoßen. Der folgen wir nach rechts ein kurzes Stück, unterqueren sie dann und folgen dem Radweg, jetzt links der Murg bis nach Au im Murgtal. Weiter führt die Tour bis nach Weisenbach, wo wir in Höhe der Wendelinus-Kapelle die Murg über die Wendelinus-Brücke überqueren und über die Murgtalstraße weiter nach Hilpertsau rollen.

Hier heißt es über die Ochsenbrücke die Murg erneut überqueren und durch Obertsrot, vorbei am Grafensprung und unterhalb von Schloss Eberstein nach Gernsbach zu ziehen. Wir passieren die Murginsel und queren durch den Ort auf der ausgeschilderten Route immer in Flussnähe Richtung Hörden. Erneut führt uns eine Brücke über die Murg und eine Unterführung unter der B462 hindurch.

Über Gaggenau nach Rastatt In Hördern geht es bei der Flößerhalle links erneut über ein Brücklein über die Murg und danach über den Pionierweg am Rand von Ottenau nach Gaggenau. Wir folgen der Tourbeschilderung durch den gesamten Ort, um dann noch einmal beim Sportplatz Bad Rotenfels die Bundesstraße zu unterqueren.

Wir radeln am Schloss Rotenfels mit seinem Park und am Unimog-Museum vorbei, durch Oberndorf, passieren das Freizeitbad Cuppamare und durchfahren Kuppenheim. Über die Jahnallee erreichen wir Rastatt, biegen beim Natura-Freibad erst links und gleich darauf rechts auf den Ludwigring ab. Über die Franzbrücke überqueren wir ein letztes Mal die Murg, biegen gleich nach der Brücke auf den Radweg neben der Hauptstraße rechts ein, der uns direkt zum Parkplatz an der Steinmetzstraße und dem Bahnhof Rastatt lenkt.

9 Zum Wahrzeichen der Ortenau

Reichsstadt Gengenbach und Schloss Ortenberg

Mittel | 48 km | 850 Hm | 3 Std.

Tourencharakter
Wir fahren größtenteils auf Wald- und Wanderwegen, innerorts auf Asphalt.

Ausgangs-/Endpunkt
Durbach, Parkplatz bei der Steinberghalle; gebührenfrei; mit Ladesäulen für E-Autos

Anfahrt
ÖPNV: Der ICE-Bahnhof Offenburg ist 6 km von Durbach entfernt. Direkt-Bus ab Offenburg Bahnhof/ZOB nach Durbach Rathaus. Verbindungen täglich alle 2 Stunden. Fahrradmitnahme vorher klären.
Pkw: Aus dem Norden und aus dem Süden kommend über die A5 bis zur Abfahrt Appenweier. Weiter auf der B28 Richtung Freudenstadt bis zur Abfahrt Offenburg. Dort auf der B3 bis Windschläg, dann an der Ampel links Richtung Durbach über Ebersweier.

Einkehr
Rebstock Durbach, Halbgütle 30, 77770 Durbach, Tel. 0781/4820, www.rebstock-durbach.de
Schwarzwaldbrasserie Cocotte, Victor-Kretz-Straße 21, 77723 Gengenbach, Tel. 07803/96630, www.die-reichsstadt.de

Karten und Infos
Kompass Fahrradkarte Blatt 3368 Mittlerer Schwarzwald, Kinzigtal, Offenburg, Strasbourg 1:70000, E-Bike-Karte Ortenau über Renchtal Tourismus, Tel. 07802/82600

Wein, Wald und Romantik warten auf uns auf der ambitionierten Rundstrecke, die im Winzer-Vorzeigedorf Durbach startet und endet. Nach schier endlosem Tannengrün säumen eine ehemalige Reichsstadt, ein stolzes Schloss und berühmte Weinlagen unseren Weg.

Über die Tour Das badische Durbach im Ortenaukreis ist ein kleiner, feiner Weinort wie aus dem Bilderbuch. Am Fuße von Schloss Staufenberg und eingebettet in eine regelrechte Woge von Rebbergen, die sich bis zu den Schwarzwaldhöhen hinaufziehen, ist hier der Weinanbau die Lebensader. Entlang der Dorfstraße reiht sich nahezu ein Weingut an das andere und die Dichte der hoch- und höchstprämierten Güter und Weine von hier sucht deutschlandweit ihresgleichen. Unsere Route startet und endet inmitten von berühmten und gesuchten Weinbergla-

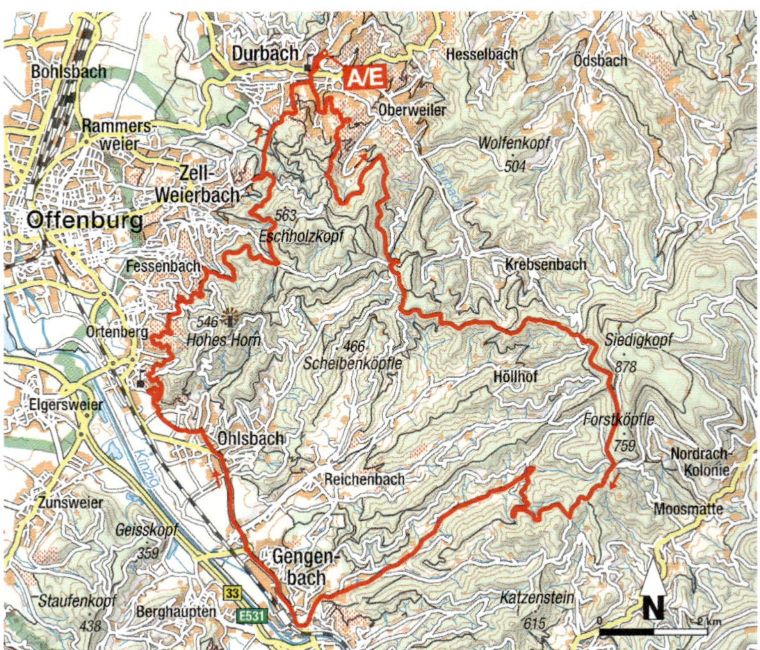

gen, bietet allerdings auch Wald en gros. So fahren wir am Hang des Brandeckkopfs entlang (mit 685,8 m der höchste Berg von Offenburg), und nutzen den legendären Pionierweg bis zum Naturfreundehaus Kornebene am Rand der Moosgebirge auf 640 Metern Höhe. Am Naturfreundehaus kreuzen sich viele Wander- und Fahrradwege und beim Einkehren treffen sich viele Gleichgesinnte. Eine E-Bike-Ladestation ist vorhanden.

Von hier aus geht es durch den Mischwald abwärts in die ehemalige Reichsstadt Gengenbach, ein romantisches Kleinod, das seinesgleichen sucht, und wiederholt als Filmkulisse diente. Sogar Hollywood machte hier schon Station! Ein Stück weiter nordwestlich liegt das Wahrzeichen der Ortenau, Schloss Ortenberg, auf unserem Weg. Bereits von Weitem zu sehen, thront die Burg über den Rebhängen am Westrand des

Auf angenehme Art aus der Zeit gefallen: die historische Altstadt von Gengenbach mit viel Fachwerk

Altstadt Gengenbach

Eine ganz besondere Perle im Kreis der romantischen Fachwerkstädte Baden-Württembergs stellt die ehemalige »Freie Reichsstadt« Gengenbach mit ihrer historischen Altstadt dar. Der Stadtkern ist bestens erhalten und spiegelt mit seinen denkmalgeschützten Häusern, Stadttoren, Wehrtürmen und nach wie vor stillen Winkeln eine ganz andere Zeit wider. Ein nahezu unvergleichlich schön erhaltenes Ensemble stellt die Engelgasse mit ihren Fachwerkbauten dar – hier ist wirklich die Zeit stehengeblieben. Auch das über 200 Jahre alte Rathaus beeindruckt – nicht nur in der Adventszeit, wenn es sich in einen originellen, einzigartigen Adventskalender verwandelt. Bei einem Abstecher in die Stadt sollte der Besucher auch »das Bergle« mitnehmen, den Hausberg Gengenbachs mit der Jakobuskapelle. Von hier oben breitet sich das historische Stadtbild besonders malerisch aus. Aufgrund seiner bestens erhaltenen historischen Substanz dient Gengenbach immer wieder als authentische Kulisse für Film und Fernsehen.

Schwarzwalds. Weiter des Wegs wartet die nächste Legende: Das Weingut Schloss Ortenberg entstand aus einem Zusammenschluss des bereits im Jahre 1300 gegründeten St. Andreas Kranken- und Armenhospitals der Stadt Offenburg und des dem Ortenaukreis gehörenden Versuchsweinguts Schloss Ortenberg. Dessen Weinberge umfassen insgesamt 45 Hektar Rebfläche in den besten Einzellagen wie Abtsberg (Zell-Weierbach), Halde (Zunsweier), Nollenköpfle (Gengenbach) sowie Andreasberg und der beinahe im Alleinbesitz befindliche Schlossberg (Ortenberg).
Mit Blick über Offenburg hinweg, ins Elsass und hinüber zu den Vogesen säumen die Weinberge von Fessenbach und Zell-Weierbach unseren abwechslungsreichen Weg, der immer wieder kurz in den Waldrand eintaucht, bis wir über die Wolfsgrube und die Kreuzebene Vollmersbach erreichen und von dort über Hatsbach wieder hinunter nach Durbach und zu unserem Parkplatz rollen.

Wegverlauf Vom Parkplatz bei der Steinberghalle aus wenden wir uns links auf die Dorfstraße, und biegen nach 300 Metern (gegenüber von Schloss Grohl) links in die Straße Sendelbach ein. Die führt uns steil bergauf bis zum Weingut Heinrich Männle mit seinem Weinbrunnen, wo wir links weiter ansteigen und dann nochmals links den Weinbergweg in die Reben wählen, der uns in mehreren Schleifen zum Pavillon Panoramablick mit schöner Aussicht auf Schloss Staufenberg hinaufführt.

Durch den Wald zum Naturfreundehaus Unterhalb des Pavillons nehmen wir den Weg um den kleinen Hügel, erreichen kurz darauf den Waldrand und ziehen ins schattige Tannengrün. Wir erreichen den Rastplatz Durbacher Weitblick und stromern weiter zum Heidenkniesattel. Von dort führt

Schloss Ortenberg

Als die Zähringer in der Gegend das Sagen hatten, errichteten sie hier im 11. und 12. Jahrhundert eine Burganlage zur Sicherung des Kinzigtals. Nach dem Aussterben der Linie hielten die Staufer die Burg und die Landvögte der Ortenau hatten hier ihren Sitz. Im Mittelalter wurde die Anlage noch um Verteidigungstürme erweitert, im Niederländisch-Französischen Krieg wurde sie 1678 gesprengt und die Langvögte wichen nach Offenburg aus. Reste der heutigen Burg, so der Unterbau des Bergfrieds, stammen noch aus dem Mittelalter. Das Schloss, d.h. die Gebäude, in denen sich heute eine Jugendherberge und das Weinbauversuchsgut befinden, ist ein Bau im englischen Stil aus der ersten Hälfte des 19. Jahrhunderts. Seit 1942 ist es im Besitz des Deutschen Jugendherbergswerks. Der Herbergsbereich Schloss-Hauptgebäude mit dem unteren Schlosshof ist nur für gebuchte Gäste und nicht für die Öffentlichkeit zugänglich. Der obere Burghof und die Turmanlage des Ortenberger Schlosses während der Sommermonate hingegen schon.

Schloss Ortenberg, das Wahrzeichen der Ortenau. Heute ist ein Teil davon eine der schönsten Jugendherbergen Deutschlands.

der Weg abwärts und gleich wieder im Linksschwung aufwärts bis auf eine kleine Lichtung, wo wir scharf rechts kehren und dem Oberen Steineckleweg abwärts durch den Wald folgen.
Am T-Stück Steineckle mit seiner Bank biegen wir links ab und erreichen nach kurzer Abwärtsfahrt den Wanderparkplatz Brandeck-Lindle. Wir werfen einen Blick auf die alte Linde und ziehen gegenüber auf dem Pionierweg den Hang hinauf. Wir verbleiben nun ein langes Stück mit schöner Waldfahrt auf dem Pionierweg bis zum Späneplatz und wechseln dort halb rechts bergan auf den Späneplatzweg.
Auf dem verbleiben wir über die Diebshalde und die Sandgasse hinaus, bis wir das Naturfreundehaus Kornebene erreichen. Hier treffen sich Radler und Wanderer aus allen Himmelsrichtungen, um zu Rasten, zu Vespern und natürlich auch, um mit Gleichgesinnten zu Fachsimpeln.

Über Gengenbach zum Schloss Ortenberg Von der Kornebene aus wählen wir den Landgrabenweg abwärts durch den Wald bis zur Multi-Kreuzung Schnaitbergeck und biegen dort rechts und gleich wieder rechts in den Waldweg weiter abwärts ab. Beim kommenden Abzweig halten wir uns wieder rechts, meistern die Haarnadelkurve und erreichen nach rasanter Fahrt die Straße bei Haigerach. Der folgen wir bergab, vorbei an Pfaffenbach und auf der Oberdorfstraße hinein nach Gengenbach.

Am Oberen Tor biegen wir rechts in die Nollenstraße, folgen ihr vor der Stadthalle rechts bergauf, vorbei am Nollenpark, weiter geradeaus auf dem Wolfsweg, vorbei an der Kinzigtalklinik und biegen am Waldrand links und gleich nochmal links auf den Wanderweg ein. Der führt vorbei am Schäuble-Brunnen auf die Straße Vogelsang, wo wir erst links und kurz darauf rechts den Weg nach Reichenbach finden. Wir kreuzen die Dorfstraße, radeln weiter auf dem Sommerwald, um den Ohlsbacher Friedhof herum, am Rathaus Ohlsbach vorbei und auf der Hubergasse aus dem Ort hinaus.

Am Ortsende nehmen wir den Radweg links durch Wiesen bis zum Wegekreuz Armbruster und sehen da bereits Schloss Ortenberg hoch vor und über uns. Wir biegen links in die Schluchgasse ein, vorbei am Schützenhaus bis zum Ortsbeginn Ortenberg. Nach einer lang gezogenen Rechtskurve bei den ersten Häusern ist Schluss mit flach und es startet der steile Anstieg über die Schlossstraße hinauf zum Schloss.

Vor dem Schlosstorturm nehmen wir den Abzweig links bergauf und steigen über den Panoramaweg vorbei am Rosenstein und dem Pfarrer-Huber-Blick durch die Weinberge bis zur Straße Am St. Andreas hoch. Vor dem Weingut Schloss Ortenberg biegen wir halb rechts ab und ziehen durch die Reben auf Fessenbach zu. Vorbei am Felix-Burda-Park biegen wir in die Senator-Burda-Straße rechts ein und stromern bergauf bis zum Wanderparkplatz Schuckshof, wo wir den Weg links weiter durch den Wald und hinab zur Kapelle im Albersbach nehmen.

Großartige badische Küche und ein mediterran anmutender Garten: der »Rebstock« in Durbach

Der Blick aus den Männle-Reben hinüber zu Schloss Staufenberg oberhalb der Durbacher Weinberge

Zurück nach Durbach Dort geht es scharf rechts auf die Straße bergauf, um kurz darauf am Albersbacher Brunnen links den Weg hinauf in die Rebberge zu wählen. Beim ersten Abzweig halten wir uns rechts und radeln vorbei am Grillplatz Springmatt, kreuzen den Talweg und steigen rechts über den Schuckenbergweg und dann wieder über den Panoramaweg bis zum Schützenhaus Wolfsgrube an. Von hier rollen wir auf dem Wanderweg durch den Wald geradeaus bergab, über die Kreuzebene bis zum Wanderparkplatz Vollmersbach, halten uns dort rechts hinunter nach Hatsbach, bis wir beim Graf-Metternich-Stadion auf die Durbacher Dorfstraße stoßen, der wir nun rechts nur noch ein paar Hundert Meter bis zum Parkplatz an der Steinberghalle folgen müssen.

Weingut Heinrich Männle

Das Familienweingut Heinrich Männle, am Hang der 1-A-Weinlage Kochberg im Durbacher Ortsteil Sendelbach gelegen, ist ein Erbhofgut, das nachweislich seit 1456 im Familienbesitz ist. Das heutige Weingut Heinrich Männle ist das älteste Weingut in Durbach und eines der ältesten Weingüter in ganz Baden. Seit über 560 Jahren wird durch diese Familie durchgängig auf der heute noch bestehenden Lokalität Weinbau betrieben. Der Rotwein-Spezialist Heinrich Männle und seine Tochter und Betriebsleiterin Sylvia räumen regelmäßig Goldmedaillen und Ehrenpreise bei den jährlichen DLG-Prämierungen für ihre Weine ab und wurden 2021 auf Platz 7 der 100 besten Weingüter Deutschlands gelistet. Vermarktung direkt ab Hof – für durstige Wanderer und Radfahrer bringt ein Weinbrunnen direkt am Anwesen Erfrischung (Weingut Heinrich Männle, Sendelbach 16, 77770 Durbach, Tel. 0781/41101, www.weingutmaenndle.de).

10 Ganz hoch über dem Kinzigtal

Aufstieg zum »Mont-Blanc-Blick«

Mittel Schwer | 34 km | 1000 Hm | 3 Std.

Tourencharakter
Wir fahren den Großteil der Strecke auf Waldwegen und Pfaden, nur im Tal auf asphaltierten Wegen und Straßen.

Ausgangs-/Endpunkt
Parkplatz am Rathaus Fischerbach, Hauptstraße 38, 77716 Fischerbach

Anfahrt
ÖPNV: Am ICE-Bahnhof Offenburg Umstieg in die Regionalbahn nach Haslach oder Hausach, von dort Busverkehr nach Fischerbach. Fahrradmitnahme unbedingt vorher klären.
Pkw: Über die A5 bis Ausfahrt Offenburg. Dort auf die B3/B33 Richtung Villingen-Schwenningen, Abfahrt Fischerbach ist ausgeschildert.

Einkehr
Berggasthaus Brandenkopf, Brandenkopf 1, 77784 Oberharmersbach, Tel. 07831/6149, www.brandenkopf.net
Höhengasthaus Käppelehof, Osterbach 7, 77756 Hausach, Tel. 07831/459, www.kaeppelehof-hausach.de
Restaurant Waldsee-Terrasse, Waldseeweg 25, 77716 Haslach, Tel. 07832/8977, www.waldsee-terrasse.de

Karten und Infos
Kompass Fahrradkarte Blatt 3368 Mittlerer Schwarzwald, Kinzigtal, Offenburg, Strasbourg 1:70000, Radkarte Nördlicher und Mittlerer Schwarzwald, Publicpress

Es muss nicht der Feldberg oder der Schauinsland sein – an faszinierenden Aussichtsbergen herrscht im Schwarzwald wahrlich kein Mangel. So ragt der Brandenkopf mit 945 Metern deutlich sichtbar aus der Tallandschaft zwischen Kinzig, Harmersbach, Rench und Wolf empor.

Über die Tour Unser Tourausgangsort ist Fischerbach im mittleren Schwarzwald am ruhigen Talrand der Kinzig, das sich selbst den Titel »Sonnenterrasse im Kinzigtal« verpasst hat. Das Gebiet der Gemeinde erstreckt sich ab 220 Metern Höhe vom Fluss Kinzig bis hinauf zum Gipfel des Brandenkopfs. Der Ort selbst bietet schöne Ausblicke in das gesamte, lang gestreckte Tal.
Auch wenn der Brandenkopf keine 1000 Meter hoch ist, so stellt er doch im Mittleren Schwarzwald durchaus eine relevante Größe dar und ist unbedingt einen Besuch wert. Seinen heuti-

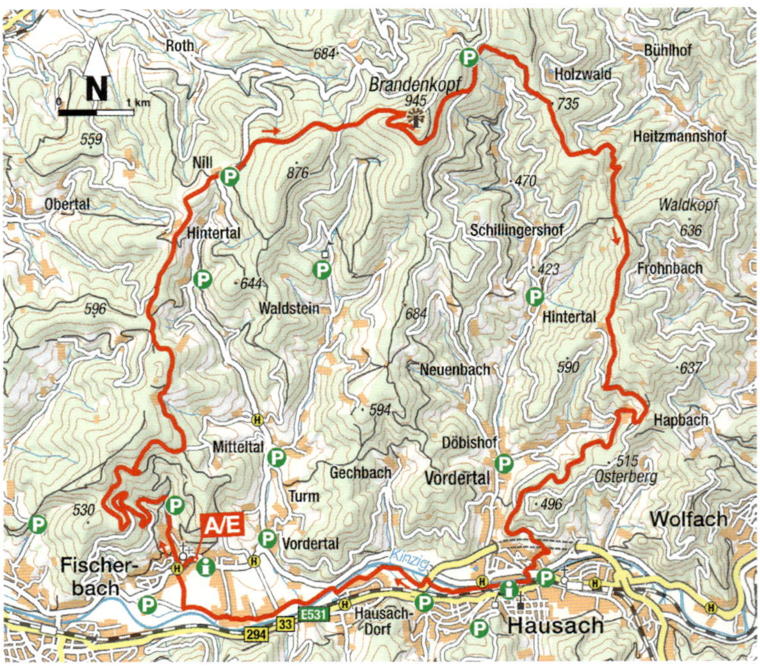

gen Namen hat der Berg von einem großen Waldbrand im Jahr 1730, vor diesem einschneidenden Ereignis hieß er Varnlehenskopf. 1929 wurde auf dem Gipfel ein Aussichtsturm aus Buntsandstein erbaut. Hat man dessen Aussichtsplattform in 32 Metern Höhe erreicht, belohnt ein überwältigender Panoramablick über die Rheinebene, das Elsass mit den Vogesen bis zum Pfälzer Bergland. Bei entsprechender Wetterlage sind sogar die schneebedeckten Alpen bis hin zum Gipfel des Mont Blanc zu sehen.

Der Schwarzwaldverein betreibt neben dem Aussichtsturm das Wanderheim Brandenkopf, das über etliche Gästezimmer und eine einladende Berggaststätte mit dem höchstgelegenen Biergarten im Mittleren Schwarzwald verfügt. Zahlreiche Wanderwege – darunter der Westweg als der bekannteste Fernwanderweg im Schwarzwald – sowie viele ausgeschilderte Nordic-Walking- und Mountainbike-Strecken machen den Brandenkopf zu einer vielseitigen Schnittstelle.

Sehr lohnenswert sind in jedem Fall Stippvisiten in den Ortschaften am Fuße des Brandenkopfs wie Hausach, Haslach, Zell

Hat man den Gipfel des Brandenkopfes erreicht, kann man im höchstgelegenen Biergarten des Mittleren Schwarzwalds rasten.

Hansjakob-Museum Haslach

Der Freihof in Haslach ist das einzige einem Schriftsteller gewidmete Museum im Kinzigtal. Hier wird das Leben und Wirken von Heinrich Hansjakob (1837–1916) dokumentiert, Haslacher Pfarrer, Volkskundler, Heimatschriftsteller, Historiker und Politiker. Vervollständigt wird der Blick in die Haslacher Kulturszene durch Ausstellungen der beiden Haslacher Maler Carl Sandhaas und Otto Laible. Der Freihof diente Hansjakob in den Jahren 1913 bis 1916 als Altersruhesitz und wurde später in ein Altenheim für die Vinzentinerinnen aus Freiburg umgewidmet. Die Stadt Haslach erwarb schließlich 1964 den Freihof, um dort das Hansjakob-Archiv und später das Museum einzurichten (Hansjakobstraße 17, 77716 Haslach im Kinzigtal, Tel. 07832/4715).

am Harmersbach oder Oberharmersbach. Jede für sich mit interessanten Museen, die viel über die Bräuche im Kinzigtal erzählen und mit charmanten Ortsbildern.

Wegverlauf Wir starten am Rathaus-Parkplatz auf die Dorfstraße links und biegen gleich 200 Meter weiter im scharfen Rechtsknick auf die Straße Eschbach in Richtung Nill ein, halten uns links in Richtung Eschgrund. Kurz nach der Eschgrundhütte nehmen wir links bergan den Langmattenweg. Der führt uns

Zügig führt uns der Weg aus den Wiesen des Kinziggrunds in den Wald am Fuß des Brandenkopfs.

Der mittelalterliche Storchenturm in Zell am Harmersbach beherbergt heute ein Museum.

kurvig weiter nach oben, an der Berghofhütte vorbei bis zur Wagenstatthütte. Wir nehmen den Abzweig rechts in Richtung Fischerbacher Eck, wechseln danach auf den Pfad halb rechts Richtung Rechgrabenkapelle, bis wir beim Hohwald dann wieder links steil zur Kapelle hinaufziehen und wechseln dort links auf die Straße nach Epplinsberg. Gleich nach dem letzten Gebäude folgen wir dem Schotterweg halb links in den Wald und bergauf Richtung Am Schorn.

Hinauf zum Brandenkopfturm Dort geht es rechts Richtung Vogelsberg und am kommenden Abzweig halb rechts Richtung Nill. Bei der Fischerbacher Höhe wieder rechts Richtung Nill und über die Wegzeichen Überm Eckerhof und Niller Eck weiter hinauf bis zu den Nill-Höfen. Dort radeln wir über den Parkplatz zur asphaltierten Straße und folgen dieser leicht bergauf Richtung Schwarzenbachsattel.

Nach kurzem Stück verlassen wir den Asphalt halb rechts auf den Nill-Sattelweg, um an der großen Sattelkreuzung mit der Karl-Albert-Junghans-Hütte weiter geradeaus auf dem Oberen Ballenkopfweg und gleich darauf den ersten Abzweig Fahrlehenkopfweg halb links bergauf zu radeln. Wir knicken scharf rechts ab zum Windrad und schlagen einen Haken rechts hinauf

Zell am Harmersbach

In der ehemals kleinsten Freien Reichsstadt im Heiligen Römischen Reich deutscher Nation kann man heute noch den Atem der Geschichte spüren. Einen bezaubernden Kontrast zum allgegenwärtigen Fachwerk stellen die Jugendstil-Ornamentik und die aufwendigen Giebelgestaltungen an vielen historischen Fassaden dar. Selbst aus der Zeit der Stadtgründung um 1330 blieben Relikte wie der markante Storchenturm in der Ortsmitte, der Hirschturm oder die »alte Wäschkuchi« am Gewerbebach erhalten. Völlig unterschiedliche Museen, das Storchenturm-Museum mit absoluten Raritäten aus der Regionalgeschichte, das Bauernhofmuseum Fürstenberger Hof und Museum der Zeller Keramik mit dem berühmten »Hahn- und Henne-Dekor« oder Breig's Motorrad- und Spielzeugmuseum mit mehr als 180 Original-Motorrädern wie Adler, BMW, Kreidler über NSU bis Zündapp aus neun Jahrzehnten, bieten spannende Einblicke in die bewegte Zeller Vergangenheit (www.zell.de).

zum Brandenkopfturm und dem Wanderheim.

Im Auf und Ab zum Käppelehof Nach ausgiebiger Rast und einer Rundumschau Richtung Nord-Schwarzwald und Vogesen machen wir uns auf die recht anspruchsvolle Abfahrt Richtung Kinzigtal, rollen zunächst gut 300 Meter bergab zurück zum Farnlehenkopf und biegen links auf dem Korniswerg in Richtung Hirzwasen ab. Am Steigleskopf vorbei halb links weiter bis zum Standort Bettelfrau, um dort rechts in den Hirzwasenweg einzubiegen, dem wir bis zur Wegkreuzung Auf dem Hirzwasen folgen.

Wir nehmen geradeaus den unbefestigten Weg Richtung Ebenacker, um am Wegpunkt Schmiedershöhe halb links steil bergab zu rollen und dann rechts auf den Schotterweg einzubiegen. Hier folgt ein Anstieg im spitzen Winkel rechter Hand zum Wegpunkt Ebenacker. Dort wechseln wir auf den Abzweig halb links in Richtung Hohenlochen.

Am Wegzeichen Bergbauernhöhe halten wir uns rechts Richtung Käppelehof, passieren den Wegpunkt Erlets und erreichen in rasanter Bergabfahrt vorbei am Osterbachsattel die Wendelinuskapelle und den Käppelehof. Ein kurzes Stück weiter talwärts bis zum Wendelsbrunnen und dort dann links auf den geschotterten Wintermaxenweg, der erst kurz am Waldrand bergan steigt, um wenig später im Wald des Osterberges stetig bergab zu führen.

Zurück nach Fischerbach Wir passieren die Wegmarken »Unter dem Teufelsstein« und »Über dem Wintermaxenhof« und verlassen dort den Wald und erreichen beim vorgenannten Hof schon den Ortsrand von Hausach. Wir folgen der Straße Am Hinterhof, fahren vorbei am Spicherbrunnen, stoßen an der T-Kreuzung in Hausach auf die Frohnaustraße, in die wir kurz

Flussquerung auf dem Kinzigtal-Radweg

links einbiegen, um gleich darauf rechts die Kinzig auf der Fußgängerbrücke zu überqueren. Wir befahren den Kinzigdamm nach rechts und unterqueren nach einiger Zeit mit einer scharfen Linkskurve die B33. Nach einer lang gezogenen Linkskurve auf dem Radweg überqueren wir die Kinzig auf einer schmalen Brücke erneut, wenden uns gleich darauf nach links, durchfahren den Ortsteil Eschau und nehmen danach den Fritz-Ullmann-Weg rechts, der uns nach Fischerbach hinein und nach einem erneuten Rechtsabbiegen auf die Hauptstraße und zum Ausgangspunkt am Rathaus-Parkplatz zurückbringt.

Oberharmersbach

Einzigartig und historisch bemerkenswert: Das Harmersbachtal war das einzige Reichstal des Heiligen Römischen Reichs mit der einzigen freien Bauernrepublik. Das lag sowohl an der Abgeschiedenheit des Gebiets als auch am Selbstverständnis seiner damaligen Bewohner. Der im Ort befindliche Speicher stammt aus dem Jahr 1761 und wurde 1985 an seinem ursprünglichen Platz beim »Schwobelenzenhof« im Holdersbachtal abgebaut, um ihn auf dem Rathausplatz als Museumsblickfang wiederzuerrichten. Gemeinsam mit dem Backhaus und der Mühle bietet das gesamte Ensemble einen detailgetreuen Einblick in die Lebensgewohnheiten der Talbewohner in längst vergangener Zeit.

11 Aussichtsreiche Breitnau-Höhentour

Berg- und Talfahrt nach St. Märgen

Mittel | 41 km | 850 Hm | 2.45 Std.

Tourencharakter
Wir fahren größtenteils auf Wald- und Wanderwegen, innerorts auf Asphalt.

Ausgangs-/Endpunkt
Breitnau Dorfkirche, Wanderparkplatz Kirchweg, gebührenfrei

Anfahrt
ÖPNV: Ab Hinterzarten Busanbindung, Fahrradmitnahme schwierig, nicht zu empfehlen. Pkw: A5 Karlsruhe–Basel, Ausfahrt Freiburg Mitte, auf der B31 Richtung Donaueschingen, Abfahrt Hinterzarten, B500 Richtung Breitnau. A81 Stuttgart–Singen, Ausfahrt Bad Dürrheim/Donaueschingen, auf der B31 Richtung Freiburg, Abfahrt Hinterzarten, B500 Richtung Breitnau.

Einkehr
Landfrauencafé Goldene Krone, Wagensteigstraße 10, 79274 St. Märgen, Tel. 07669/939988, www.cafe-goldene-krone.de
Naturfreundehaus Breitnau, Wanderhütte am Fahrenberg, Fahrenberg 1, 79874 Breitnau, Tel. 07652/302, www.naturfreundehaus-breitnau.de
Gasthaus Heiligenbrunnen, Heiligbrunnenstraße 36, 79822 Titisee-Neustadt, Tel. 07652/381, www.heiligenbrunnen.de

Karten und Infos
Lokale Fahrrad-Karten bei der Tourist-Information, Dorfstraße 11, 79874 Breitnau, Tel. 07652/12060

Vom Hochplateau bei Breitnau aus geht es zunächst über den Hohwart und den Otten hinunter ins Wagensteigtal, um von dort nach St. Märgen aufzusteigen. Über den Thurnerpass und den Fahrenberg kehren wir aussichtsreich wieder zurück.

Über die Tour Das Schwarzwalddorf Breitnau liegt lauschig auf einem Hochplateau im Übergang vom Hochschwarzwald in den Südschwarzwald. Längst nicht so frequentiert wie z. B. das nahe Hinterzarten, lässt sich hier sehr beschaulich die weit gezogene Wiesen- und bewaldete Hügellandschaft mit schönem Blick auf den Feldberg genießen. Auch in Sachen regenerative Energien ist Breitnau Vorreiter: Bereits 1992 wurde im Hinterdorf eines der ersten Windräder in Baden-Württemberg aufgestellt!

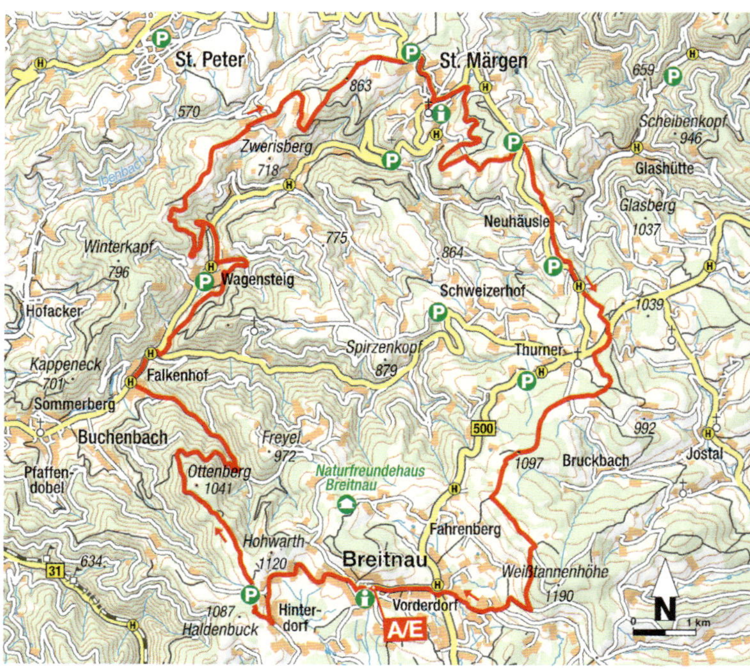

Der Blick vom Otten ins Dreisamtal Richtung Kirchzarten und Freiburg öffnet Herz und Seele.

Nach einem ersten Anstieg rollen wir zügig hinunter ins schmale Wagensteigtal, durch das der Wagensteigbach fließt, der sich weiter talwärts mit dem aus dem Höllental kommenden Rotbach zur Dreisam vereint, die später, teils kanalisiert, ganz Freiburg »durchschneidet«. Vom Schräghang am Otten aus bieten sich traumhafte Ausblicke ins Dreisamtal mit Kirchzarten, bis hin nach Freiburg und zu den Vogesen. Über spannende Wanderwege, die teils über Hochweiden führen, erreichen wir den Luftkurort St. Märgen mit der barocken Wallfahrtskirche Mariä Himmelfahrt. Unter anderem aber auch bekannt durch die Schwarzwälder Pferdezuchtgenossenschaft, die sich seit vielen Jahren sehr erfolgreich der Zucht des Schwarzwälder Kaltblutpferds (St. Märgener Fuchs) widmet. Auch sollte der Besuch des wunderschön restaurierten Landfrauencafés Goldene Krone in der Ortsmitte auf keinen Fall versäumt werden.

Wir queren später den Thurnerpass, einen der legendären Schwarzwaldübergänge, der den Weg von Freiburg und der Oberrheinebene auf die Baar, nach Schwaben und zum Bodensee markierte. Von dort genießen wir die Ausblicke auf unserer Route über den Fahrenberg, rechter Hand über St. Peter bis zum Kandel, geradeaus auf die Gipfel im Feldberggebiet und weiter in Richtung Hotzenwald.

Rankmühle St. Märgen

Oberhalb von St. Märgen liegt direkt am Waldrand die früher zum Rankhof gehörende Rankmühle. Diese wurde etwa Mitte des 18. Jahrhunderts einen knappen Kilometer vom Bauernhof entfernt gebaut, weil dort das Wasser für den Mühlenbetrieb fehlte. Seinerzeit diente sie ausschließlich der Eigenversorgung und war keine Lohn-Mühle. Später zur Wohnmühle umgebaut, in der Tagelöhner ihr karges Leben fristeten, war die Rankmühle ein überschaubares Anwesen mit Stube, großer Rauchküche, Stall, Tenne, Pachtfeld und einem Bauerngarten zur Selbstversorgung. Ein Förderverein nahm sich der teilweisen Bauruine an und sanierte das gesamte Anwesen behutsam und dem historischen Vorbild entsprechend. Heute ein Schmuckstück, nahe am Originalzustand und ein eingetragenes Kulturdenkmal (Rankmühle, Landfeldweg, 79274 St. Märgen).

Auf Waldwegen queren wir den Hang des Fahrenbergs unterhalb der Weißtannenhöhe bergab in Richtung Breitnau, das bereits in Sichtweite liegt, und das wir nach dem Überqueren der B 500 beim Gasthaus Löwen zügig wieder erreichen.

Wegverlauf Vom Parkplatz aus sind es nur ein paar Meter zur Dorfstraße, auf die wir rechts einbiegen und an einzelnen Höfen wie dem Schumächerlehof vorbei durchs Hinterdorf radeln. Beim Dürrenbarthleshof biegen wir scharf rechts ab und ziehen bergan bis zum Wind-

Das leicht hügelige, offene Plateau von Breitnau mit dem Feldberg ganz im Hintergrund

Dank eines Fördervereins ein echtes Schwarzwälder Schmuckstück: die Rankmühle bei St. Märgen

rad. Von dort ziehen wir schräg den Hang des Hohwart hinauf, bis wir auf dem ersten Sattel halb links auf den Ottenweg stoßen. Nun startet die erste Abfahrt auf schön befahrbarem Waldweg den Hang des Ottenbergs hinab. Immer wieder öffnet sich der Baumbestand am Wegesrand und gibt sensationelle Blicke tief und weit ins Dreisamtal frei. In einer lang gezogenen Rechtskurve mit allerlei Windungen und Wendungen stoßen wir schließlich auf den Griesdobelweg, der uns nach links rasant hinab ins Wagensteigtal führt.

Hinauf nach St. Märgen In Falkenhof stoßen wir auf die Talstraße, in die wir rechts auf den Fahrradweg einbiegen, vorbei am riesigen Holzwerk biegen wir rechts in die Spirzenstraße, um gleich danach links auf dem Wanderweg hoch in den Wald zu stromern. Hoch über dem Tal führt uns der Weg am Waldrand entlang bis nach Wagensteig, wo wir wieder auf die Talstraße abfahren.

Wir wenden uns nach rechts und folgen der Straße leicht ansteigend bis zur ersten Abzweigung links, dem Häusledobel, und folgen der Straße in Serpentinen stetig bergauf. Gleich nach dem Wirtshäusle-Hof (kein Gasthaus) nehmen wir links den ansteigenden Weg hinauf zum Grünen Kreuz.

Landsitz Am Westweg

Der Landsitz auf der Fahrenberger Höhe bei Breitnau ist eine Aussichtsbank der besonderen Art. Sie entstand in Zusammenarbeit mit dem Vitra Design Museum in Weil am Rhein und schmiegt sich mit ihrer geschwungenen Form sanft in die Natur ein. Hier lässt es sich angenehm rasten und Kraft tanken. Begleitet von einem herrlichen Blick auf den Feldberg und seine Nachbargipfel genießt man hier Hochschwarzwald pur. Die Idee der Landsitze im Schwarzwald ist die Verbindung einer einzigartigen Landschaft mit außergewöhnlichem Design. Oberhalb vom Jockelshof und der Fahrenberger Schmiede gelegen.

Hier treffen wir auf den Wanderweg Wolfsteige, dem wir rechts folgen. Über Hochweiden erreichen wir die Hanissenhöhe, biegen beim Hanissenhof linker Hand auf die alte Römerstraße Zwerisberg ein und steigen weiter an bis zum Abzweig rechts zum Langenhof. Über eine scharfe Linkskurve geht es durch den Wald hinauf zum Glasträgerhof, wo wir die Glottertalstraße erreichen, die uns rechtsgerichtet nach St. Märgen hineinführt.

Der ärgste Anstieg ist nun geschafft, daher empfiehlt sich eine Rast. Die Gastronomie ist äußerst vielseitig und vor allem zahlreich. Wir empfehlen das historische Landfrauencafé Goldene Krone.

Schattiger Trail am Waldrand hoch über Wagensteig

Über den Thurnerpass zum Fahrenberg Wir verlassen St. Märgen auf der Feldbergstraße, wo am Ortsende rechts bergab ein Fuß- und Fahrradweg zum Waldspielplatz Pfisterwald führt. Dort halten wir uns halb rechts auf dem Wanderweg Alte Straße, der uns über den Klausmattenweg in lang gezogenen Kurven durch den Pfisterwald führt. Über das Laberholz und den Mieserhof erreichen wir wieder die Feldbergstraße, die wir beim Gasthaus Steinbach-Hirschen queren, um gleich darauf rechts in den Wanderweg einzubiegen. Der Weg führt uns nach Neuhäusle, dort weiter zum Wanderparkplatz und dort halb links den Hang hinauf. Auf dem Weg passieren wir einige Grenzsteine, die im

Rahmen eines Kulturprojekts auf historische Ereignisse hinweisen.
Der Weg führt uns hinab zur B500, die wir beim Süßen Häusle erreichen und queren. Weiter geht es rechts auf dem Weg in Richtung Thurner. Beim Erreichen des großen Wanderparkplatzes dort biegen wir sofort in den Wanderweg rechts ein, der uns in großem Rechtsbogen über die Thurnerloipe und weiter geradeaus, vorbei am Wildmoos, zum Landsitz auf dem Fahrenberg bringt.

Zurück nach Breitnau Nach genossener Aussicht halten wir uns links, durch den Wald und über Hochweiden, bis wir den Waldrand der Weißtannenhöhe erreichen. Hier geht es erst rechts, dann gleich die Zweite links in den Waldweg hangseitig bergab. Wir treffen auf den Hoheckweg, biegen rechts ein und gelangen zum Weißtannenweg.
Dem Sträßchen folgen wir erst bergab, dann kurz bergauf bis zur B500, die wir beim Gasthaus Löwen queren, um danach links auf dem Fahrradweg parallel zur Ortsstraße zum Parkplatz an der Kirche Breitnau zurückzuradeln.

Oben: Noch ein Schmuckstück in St. Märgen – das Landfrauencafé Goldene Krone

Unten: Der Zapfengeist vom Pfisterwald

12 Mooskopf-Tour mit Lothardenkmal

Dem Jahrhundert-Sturm auf der Spur

Mittel	39 km	850 Hm	3 Std.

Tourencharakter
Wir fahren größtenteils auf Wald- und Wanderwegen, innerorts auf Asphalt.

Ausgangs-/Endpunkt
Wanderparkplatz Offenburg-Rammersweier an der Durbacher Straße, gegenüber der Einfahrt zur Erdaushub-Deponie, gebührenfrei

Anfahrt
ÖPNV: Offenburg verfügt über einen Bahnhof an der ICE-Strecke Karlsruhe–Basel. Von dort aus Busverkehr nach Rammersweier oder Durbach. Es ist aber auch möglich, die 3,5 km vom Bahnhof zum Tour-Startpunkt gleich mit dem E-Bike zu bestreiten.
Pkw: A 5 Karlsruhe–Basel, Ausfahrt Offenburg, dann auf die B 33 nach Offenburg und über die Grabenallee, die Weingartenstraße und die Moltkestraße nach Rammersweier und weiter in Richtung Durbach.

Einkehr
Restaurant Linde, Lindenplatz 1, 77770 Durbach, Tel. 0781/93630, www.linde-durbach.de
Weinstube und Terrasse Schloss Staufenberg, 77770 Durbach, Tel. 0781/92465838, www.schloss-staufenberg.de

Karten und Infos
Kompass Fahrradkarte Blatt 3368 Mittlerer Schwarzwald, Kinzigtal, Offenburg, Strasbourg 1:70000, E-Bike-Karte Ortenau über Renchtal Tourismus, Tel. 07802/82600

Diese Tour zum höchsten Berg der Region und rund um Durbach bietet saftige Anstiege und knackige Abfahrten, oft auf Schatten spendenden Waldwegen. Oben angekommen, belohnt herrliche Rundumsicht, und auf dem Rückweg lädt ein Schloss zum Staunen ein.

Über die Tour Die Ortenau ist vielen Wanderern und Radfahrern natürlich auch als wunderbares Weinanbaugebiet bekannt, das Jahr für Jahr bei der DLG-Prämierung mit höchsten Auszeichnungen bedacht wird. Typisch für den flächengrößten Landkreis Baden-Württembergs sind die steilen Westhänge des Schwarzwalds, die teilweise bis zur Baumgrenze mit Rebzeilen bepflanzt sind, sowie weiter talwärts Gemüse- und Obstplantagen. Die Erhebungen fließen wellengleich und dicht bewaldet dem Schwarzwaldkamm zu und stellen für E-Biker Heraus-

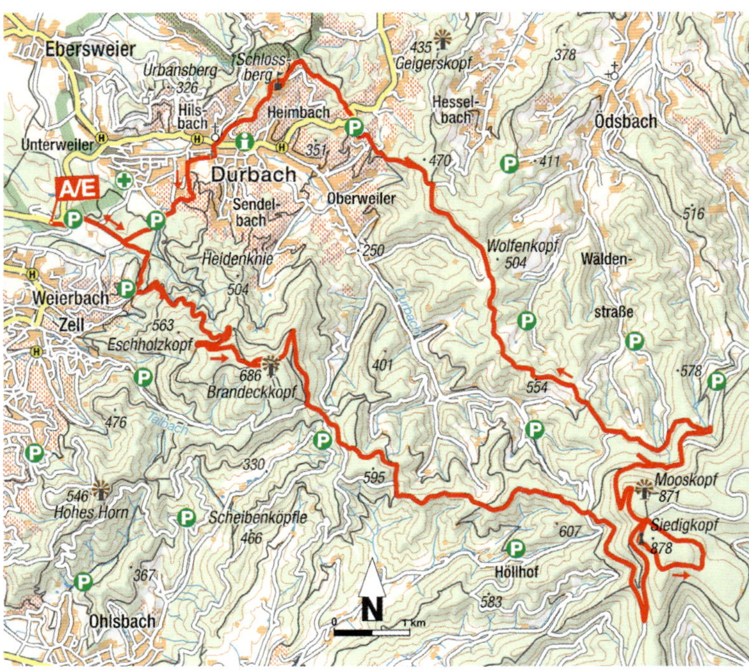

Eingebettet ins Rebland liegt die Weinbaugemeinde Durbach.

forderung und Vergnügen zugleich dar. Der mächtige Bergrücken zwischen den Flusstälern der Rench und der Kinzig heißt Moos mit dem 871 Metern hohen Mooskopf und dem 876 Meter hohen Siedigkopf als höchste Erhebungen.

Auch hier kreuzen sich wieder zahlreiche (Fern-)Wanderwege, die im Extremfall bis an die Schweizer Grenze führen. Die Auswirkungen des Orkans Lothar 1999 auf die Landschaft sind auch heute noch in der Draufsicht vom Moosturm erschreckend und beeindruckend zugleich.

Am Weg vom Gipfel zurück in die Zivilisation liegen wieder stattliche Schwarzwaldhöfe mit teils jahrhundertealter Familiengeschichte (oft mit dem Verkauf hofeigener Produkte), dunkle Wälder, saftig grüne Streuobstwiesen und tief eingeschnittene Täler. Überzeugend ist die Vielfalt der Landschaft, sowie immer wieder weite Ausblicke in das Tal oder zurück zum Mooskopf. Schloss Staufenberg auf seinem Bergsattel bietet noch einmal Gelegenheit zum Durchatmen und/oder Rasten, bevor es in den

Das mächtige Lothardenkmal auf dem Siedigkopf

Lothardenkmal

Für den Schwarzwald brachte am 26.12.1999 der Sturm Lothar eine immense Zerstörung mit sich. Ein Orkantief rauschte über West- und Mitteleuropa hinweg und richtete die höchsten Sturmschäden der jüngeren europäischen Geschichte an. Massiv betroffen waren besonders Nordfrankreich, die Schweiz, Süddeutschland und Österreich. In Baden-Württemberg fiel mit 30 Millionen Festmetern Sturmholz die dreifache Menge des sonstigen Holz-Jahreseinschlages an. Heute erinnert eine 12 Meter hohe Skulptur des Schwarzwaldkünstlers Norbert Feger als Lothardenkmal auf dem Siedigkopf an die Naturgewalt und Zerstörungswucht des Orkans. Errichtet wurde das Mahnmal aus den Stämmen von drei über 100 Jahre alten Weißtannen, die damals Lothar zum Opfer fielen. Sie symbolisierten die Themen Zusammenhalt und Vergänglichkeit.

Weinort Durbach hinab, hindurch und auf der anderen Talseite wieder hinauf und zum Ausgangspunkt zurückgeht.

Wegverlauf Wir nehmen den Weg am Ende des Parkplatzes geradeaus in den Wald, dann am Waldrand entlang bis zum Grillplatz Kreuzebene. Wir ziehen halb rechts in den Wald, nehmen den ersten Abzweig rechts und erreichen bergauf schnell das Schützenhaus Wolfsgrube. Hier halten wir uns links an der Gaststätte vorbei und nehmen den Hauptweg bergauf.
Beim ersten und zweiten Abzweig bleiben wir jeweils rechts

Absaloms Grab: Ungewöhnlicher Name für eine markante Wegmarke an der Strecke

auf dem Hauptweg, passieren den Zeller Brunnen, um gleich danach scharf rechts in den Neumattenweg abzubiegen, der uns locker bergab zum Eschholzkopfsattel und dort nach scharfer Linkskurve wieder bergauf bis zu Absaloms Grab bringt. Mit dem historischen Grabmal des Abschalom im Kidrontal nahe Jerusalem hat das absolut nichts zu tun. Für die einen ist es ein mystischer, verwunschener Geisterplatz, für andere nur ein loser Steinhaufen – ganz nach Gusto.

Der Mooskopfturm wurde aus dem in der Umgebung abgebauten roten Sandstein errichtet.

Von hier führt ein holpriger, steiniger, steiler und schmaler Trail auf den Brandeckkopf. Kann man machen – muss man aber nicht. Wir ziehen zunächst linker Hand waagrecht in den Wald, bis wir auf den Oberen Steineckleweg treffen, in den wir scharf rechts einbiegen, ihm leicht bergab bis zum Steineckle folgen, um von dort links hinunter den Parkplatz Brandeck-Lindle zu erreichen.

Über das Lothardenkmal zum Moosturm Wir nehmen geradeaus gegenüber den Pionierweg, der uns stetig bergauf zu einer Kreuzung und dort wieder links in einem großen Bogen durch den Bergwald bis zum Späneplatz führt. Dort wechseln wir halb rechts auf den Späneplatzweg weiterhin bergauf, der uns vorbei an der Diebshalde bis zur Sandgasse bringt. Hier biegen

Moosturm

Der 1890 vom Schwarzwaldverein errichtete und bis heute unterhaltene Aussichtsturm Moosturm krönt den Mooskopf. Hat man die 102 Treppenstufen innerhalb des 21 Meter hohen Turms überwunden, wartet ein atemberaubend schöner Blick über den Schwarzwald, Richtung Dreiländereck und zur Vogesen-Bergkette. Richtung Nordschwarzwald reicht der Blick, bis hin zur markanten Hornisgrinde. In den rund um den Moosturm vom Sturm Lothar abgeräumten Wäldern hat das Sonnenlicht für starkes Heidelbeer-Wachstum gesorgt, die wiederum für das selten gewordene Auerhuhn ideale Bedingungen bieten. Der Mooskopf ist ein beliebtes (Zwischen-)Ziel für Wanderer und Mountainbiker, auf vielen Rundwegen kann die Gegend erkundet werden, außerdem führen die Fernwanderwege Kandel-Höhenweg und Renchtalsteig über den Gipfel.

wir ganz scharf links in den Moosturmweg ein und beginnen den Aufstieg zum Mooskopf.
Oben erreichen wir den Geißschleifsattel mit dem Grimmelshausen-Denkmal, biegen aber zunächst rechts ab mit leichter Steigung bis zum Lothardenkmal, wo wir uns ausreichend Zeit nehmen, die sensationelle Aussicht zu genießen. Vom Denkmal aus radeln wir über den Siedigkopfweg und den Buchwaldweg in einer Schleife zurück zum Sattel. Von hier aus kann man über einen schmalen Trail per E-Bike oder aber auch zu Fuß den nahen Moosturm erreichen und noch einmal weit in die Ferne schauen.

Die vom Orkan Lothar abgeräumten Flächen auf dem Mooskopf wachsen langsam, aber sicher wieder zu.

An Brunnen vorbei zur Brandstetter Kapelle Vom Geißschleifsattel aus geht unsere Route rechts über den Müllerwaldweg bergab und nach zwei Kehren über ruppiges, steiniges Geläuf erreichen wir den Michelsbrunnen. Hier halten wir uns rechts weiter bergab, danach erneut rechts durch den Wald, bis wir beim Hengstbach auf einen breiten Waldweg treffen, in den wir links einbiegen und der uns zur Ofenlochhütte mit ihrem schönen Brunnen lenkt.
Geradeaus geht es weiter auf dem Kandel-Höhenweg über die Krebsenbacher Höhe und bei der nächster Verzweigung links auf den Renchtalsteig. Auf dem bleiben wir, erreichen den Oberen Herrengrund, ziehen vorbei an der Wolfskapelle, vorbei am Kapelleckhof bis zur Bildeiche und weiter links auf dem Renchtalsteig. Wir passieren den Hummelswälder Hof und erreichen die Brandstetter Kapelle.

Über Schloss Staufenberg zurück Dort queren wir die Verbindungsstraße Durbach–Oberkirch und ziehen den Renchtalsteig weiter am Waldrand bergauf, knicken bei der ehemaligen Stollenburg links ab und fahren hinunter zur Vinothek von Schloss

Schloss Staufenberg, im Besitz des Markgrafen von Baden

Staufenberg. Je nach Wochentag und Wetter bietet sich hier nun eine ausgiebige Rast auf der Schlossterrasse an.

Weiter geht es vom Schloss links auf dem Badischen Jakobsweg zackig hinunter nach Durbach. Dort biegen wir rechts in die Hauptstraße ein, nehmen gleich wieder links die Straße Sendelbach, um dort nach dem Friedhof rechts in den Volmersbacher Kirchweg einzubiegen. Bei der ersten Einmündung halten wir uns bergauf links nach Hatsbach, durch die Reben passieren wir den Grillplatz Vollmersbach und erreichen wieder die Kreuzebene.

Hier wenden wir uns nun nach rechts und haben nach wenigen Hundert Metern wieder den Ausgangspunkt, den Parkplatz an der Durbacher Straße, erreicht.

Schloss Staufenberg

Wieder eine Burg, die vom berühmten Herzogsgeschlecht der Zähringer (u. a. Stadtgründer von Freiburg im Breisgau und Bern) im 11. Jahrhundert errichtet wurde. Im Jahr 1366 wurden für die Burg Staufenberg erstmals die Markgrafen von Baden als Herrscher erwähnt und seit 1693 wird die markgräfliche Familie konkret als Besitzer ausgewiesen. Zum Schloss im Stil der Romantik ließen die Markgrafen die Burg ab 1832 umbauen, die sich auch heute noch zusammen mit der innerhalb des Schlossareals betriebenen Markgräflichen Badischen Weinkellerei im Privatbesitz des Hauses Baden befindet. Die Familie verbindet eine lange Weinbautradition mit der Ortenau. Und tatsächlich ist die Burg fast ausschließlich von Rebbergen umgeben. Von der Schlossterrasse auf dem 383 Meter hohen Bergkegel genießt man einen herrlichen Rundblick über die waldbedeckten Schwarzwaldkuppen und Weinberge, bis hin zur oberrheinischen Tiefebene und dem Straßburger Münster.

13 Vier-Seen-Tour

Klassiker mit Spaß-Potenzial

Mittel | 43 km | 800 Hm | 3 Std.

Tourencharakter
Wir fahren größtenteils auf Wald- und Wanderwegen, innerorts auf Asphalt.

Ausgangs-/Endpunkt
Hinterzarten Bahnhof, Zahlreiche Parkmöglichkeiten entlang des Bahnhofswegs in ausgewiesenen Zonen, gebührenpflichtig

Anfahrt
ÖPNV: Über die berühmte Höllentalbahn ist Hinterzarten im Halbstundentakt mit Freiburg verbunden.
Pkw: A 5 Karlsruhe–Basel, Ausfahrt Freiburg Mitte, dann auf die B 31 in Richtung Donaueschingen, Abfahrt Hinterzarten. A 81 Stuttgart–Singen, Ausfahrt Bad Dürrheim/Donaueschingen, dann auf die B 31 in Richtung Freiburg, Abfahrt Hinterzarten.

Einkehr
Köhlerei am See, Raitenbucherstraße 36, 79853 Lenzkirch, Tel. 07655/91050, www.koehlerei-am-see.de
Raimartihof – Gasthaus zum Feldsee, Raimartihofweg 12, 79868 Feldberg, Tel. 07676/226, www.raimartihof.de

Radverleih
Rent eBike Hinterzarten, Freiburger Straße 27, 79856 Hinterzarten, Tel. 07652/362

Karten und Infos
Lokale Fahrrad-Karten bei der Tourist-Information, Freiburger Straße 1, 79856 Hinterzarten, Tel. 07652/12060

Die vier schönsten Schwarzwaldseen in einer Tour erfahren, das gelingt nahezu spielend mit Akku-Unterstützung auf dem E-Bike. Wer mag, bekommt garantierten Badespaß als Bonus obendrauf.

Über die Tour Die Vier-Seen-Tour ist einer der Klassiker unter den Fahrradtouren im Schwarzwald. Mit dem Titisee, dem Windgfällweiher, dem Schluchsee und dem Feldsee werden nicht nur vier völlig unterschiedliche Schwarzwaldseen angefahren, sondern auch die bekanntesten. Wenn das Wetter passt und die Radler entsprechend vorbereitet sind, kann an drei der Seen zur Erfrischung auch gebadet werden. Lediglich am Feldsee, der streng unter Naturschutz steht, bietet sich diese Option nicht an. Als Variationen gibt es auch die Möglichkeit, eine Fünf-Seen- oder gar eine anstrengende Sechs-Seen-Tour zu fahren.

Der Feldsee ist der wahrscheinlich romantischste Karsee des Schwarzwalds.

Die hier vorgestellte Vier-Seen-Tour lässt sich von verschiedenen Start-/Ziel-Plätzen aus radeln. Wir haben uns aufgrund der einfachen Anreise für Hinterzarten als Beginn und Schluss der Tour entschieden. Diese Rundfahrt lässt Sie beim Biken regelrecht die Seele des Hochschwarzwalds spüren. Die klare Luft, die Geräusche des Waldes, die sagenhaften Ausblicke unterwegs, die vier völlig unterschiedlichen Seen – alles in allem die Balance ursprünglicher Natur. Da an den Wochenenden im Schwarzwald oft ordentlich Betrieb herrscht, empfiehlt sich für den wirklich entspannten Genuss dieser Radwanderung eher ein Wochentag.

Wegverlauf Wir verlassen den Kurort parallel zu den Bahngleisen auf dem asphaltierten Bahnhofweg, der bald in Richtung Titisee in den Winterhaldenweg übergeht, passieren nach dem Ortsende einen uralten Schwarzwaldhof und rollen jetzt bereits auf einem geschotterten Weg auf die Bahngleise zu. Direkt vor den Gleisen biegen wir rechts ab und radeln durch einen lichten

Waldrand am Hang des Brugger Walds bis der Rad-/Wanderweg nahe des Seehotels Brugger auf die Strandbadstraße in Titisee Ort stößt.

Am Titisee bergauf Hier biegen wir zunächst links ab, um uns dann nach ca. 300 Metern im Straßenknick nach rechts, in die Seestraße, zu wenden. Nach einem kurzen Halt am Seeufer mit Blick über den Titisee hinüber zum Seebuck und dem Feldberg nehmen wir die erste größere Herausforderung dieser Tour in Angriff.

Wir folgen der Seestraße Richtung Maritim Hotel und nehmen dort, wo sich die Straße rechter Hand in den Seerundweg wandelt, die linke Abzweigung. Dieser Weg führt unter der B500 hindurch und steigt darauf als Waldweg ziemlich knackig an. In lang gezogenen Serpentinen geht es hinauf auf die Saiger Höhe (1028 m).

Wir nehmen den befestigten Weg nach rechts, Richtung Hotel Saigerhöh. Nach dem Hotel führt die Route als Waldweg auf dem Höhenrücken an Fichten, Kiefern und Blutbuchen vorbei, ein schönes Spiel von Licht und Schatten begleitet uns bei diesem gemächlichen Rollen. Der Wald lichtet sich und wir erreichen mit sanftem Gefälle den Wanderparkplatz beim Rotkreuz, direkt an der L315.

Rastplatz mit großem Biergarten – der Raimartihof nahe dem Feldsee

Weiter zum Windgfällweiher Wir überqueren dort die Landstraße und nehmen rechts den Waldweg Richtung Falkau und Altglashütten, auf dem wir anfangs bergauf wieder ordentlich den Motor schnurren lassen. Im munteren Auf und Ab radeln wir durch den

Mit dem Fahrrad direkt bis ans Ufer: Badepause am Windgfällweiher

Wald des Schuppenhörnle und entscheiden uns an einer (gut umfahrbaren) Schranke an der Gabelung für den linken Weg in Richtung Bärental und Altglashütten. Nach kurzer Zeit öffnet sich der Wald, wir haben wieder Asphalt unter den Reifen und rollen über den Apostelweg und die Schuppenhörnlestraße am Rande von Falkau hinunter ins Tal bis zum Bahnhof von Altglashütten.

Hier wenden wir nach links und folgen zunächst einem leicht geschotterten Weg, der schnell in einen breiten, federnden Waldweg übergeht. Nach kurzweiliger Fahrt erreichen wir ohne große Anstrengung den Windgfällweiher. Ein Strandbad lädt zur Rast und einem Sprung ins frische Wasser ein.

Strandbad am Windgfällweiher

Direkt am Ufer des naturbelassenen Sees und geschützt zwischen den Wäldern liegt das nostalgische Strandbad Windgfällweiher. Die Gäste finden Sanitäranlagen, Umkleidekabinen, eine Liegewiese, eine Terrasse mit einer Baywatch-Bar, Tischtennis, einen Kiosk sowie einen Eltern-Kind-Bereich mit einem Spielplatz vor. Das historische Waldschwimmbad verfügt über einen Nichtschwimmerbereich, eine Surfstation, Stand-up-Paddle-Kurse und Surfboard-Verleih. Geöffnet von Mai bis September (Tel. 0176/98285016, www.strandbad-windgfaellweiher.de)

Nächster Halt Schluchsee Unsere Route verläuft oberhalb des kleinen Sees, links neben der Bahnstrecke als Feld- und Waldweg weiter, für Wanderer und Radfahrer erlaubt, in Richtung Schluchsee. In Seh- und Hörweite der einspurigen Dreiseenbahn fahren wir am Fuße des Bildsteins, bis wir fast direkt am Schluchsee die Bahnunterführung erreichen, um danach rechts dem Radweg Richtung Aha neben der Bundesstraße am See zu folgen. Den westlichen Teil des Schluchsees immer im Blick, wechselt der geteerte Radweg nach wenigen Minuten auf Schotter und führt uns kurz darauf auf eine kleine Brücke, die den natürlichen westlichen Zulauf vom eigentlichen großen Stausee trennt. In etwa die Hälfte der Tourstrecke haben wir nun bereits zurückgelegt.

Auf den Feldbergpass Es folgt das spannendste und schönste Teilstück der Vier-Seen-Tour hinauf zum Caritashaus auf dem Feldbergpass. Direkt hinter dem Schluchsee-Brücklein biegen wir rechts ab und nehmen den ersten Anstieg links mit links, da wir ja wieder den Turbo zuschalten können. Bergauf geht es auf Wanderwegen, bis der Weiler Äule in Sicht kommt, wo wir die Landstraße queren und links beim Wanderparkplatz zwischen zwei Höfen hindurch den lang gezogenen Aufstieg auf Feld- und Waldwegen beginnen.

Immer wieder bieten sich bergauf Bänke zum Rasten an, teilweise mit atemberaubend schönen Tal- und Seeblicken. Nach etwa drei Kilometern moderater Aufwärtsfahrt treffen wir auf einen gut ausgebauten Waldweg, in den wir scharf links abbiegen müssen. Das Caritashaus Feldberg ist hier bereits gut ausgeschildert. Wir ziehen mit Motorunterstützung den Hang entlang, diesmal mit fantastischer Aussicht Richtung Herzogenhorn und Menzenschwander Tal, bis wir die Feldberg-Passhöhe beim Caritashaus (1232 m) erreichen.

Zum Feldsee Jetzt beginnt die größte Spaßpassage unserer Tour: die Abfahrt zum Feldsee. Schräg rechts gegenüber des Caritashauses führt ein gut ausgebauter Wanderweg durch vielfältigen Mischwald etwa drei Kilometer bergab. Im Tal treffen wir auf einen festen

Ospelehof Hinterzarten

Auf dem Ospelehof wird seit vielen Jahren konsequent Direktvermarktung betrieben. Eigene Herstellung von Bergkäse, Schwarzwaldgouda, Schwarzwälder Schinken, Rindfleisch, Eiern und eine eigene Naturkosmetik-Linie mit Frischmolke. (Martin + Jutta Braun, Ospelehof, Windeck 2, 79856 Hinterzarten, Tel. 07652/5482, Di–Sa geöffnet, Käsereibesichtigung möglich, www.ospelehof.de).

Beim Aufstieg vom Schluchsee zum Feldbergpass lohnt auch der Blick zurück auf den größten Schwarzwaldsee.

Weg, der uns links nach kurzer Fahrt zum gut beschilderten Abzweig Richtung Feldsee (1111 m) führt.
Dieser gilt vielen als der schönste aller Schwarzwaldseen und liegt wildromantisch am Fuße der Felswände des Seebucks. Der See steht streng unter Naturschutz (das Naturschutzgebiet besteht seit 1937 und ist das älteste in Baden-Württemberg), das Baden ist hier verboten, denn im klaren, sauerstoffreichen Wasser des Feldsees wachsen seltene Unterwasserfarne, die hier schon vorkamen, als die letzte Eiszeit zu Ende ging.

Zurück nach Hinterzarten Auf dem Rückweg nach Hinterzarten bietet sich der nahe dem Feldsee gelegene Raimartihof für eine Rast und eine Vesper an. Hinter dem Gasthaus folgt ein letzter kurzer Anstieg, danach führt unser Weg (Hinterzarten ist hier überall gut ausgeschildert) durch den teils lichten, teils dichten Wald am Naturschutzgebiet Bisten entlang bergab wieder zum Ausgangspunkt am Bahnhof Hinterzarten zurück.

14 Grenzüberschreitende Bollenhut-Tour

Wo Baden auf Württemberg trifft

Leicht Mittel	41 km	750 Hm	2.15 Std.

Tourencharakter
Wir fahren fast ausschließlich auf asphaltierten Straßen und Sträßchen.

Ausgangs-/Endpunkt
Gutach/Schwarzwaldbahn, Parkplatz Curt-Liebich-Sporthalle (auch Wohnmobile) gebührenfrei

Anfahrt
ÖPNV: Gutach liegt direkt an der Bahnlinie der Schwarzwaldbahn, hat aber keinen eigenen Bahnhof mehr. Das Freilichtmuseum Vogtsbauernhof ist über den Bahnhaltepunkt Gutach Freilichtmuseum direkt erreichbar.
Pkw: Über die A5 Karlsruhe–Basel, Abfahrt Offenburg, dann über die B33 nach Haslach und über Hausach nach Gutach. Über die A81 Singen–Stuttgart, Abfahrt Tuningen, dann über Villingen-Schwenningen und die B33 über St. Georgen und Hornberg nach Gutach.

Einkehr
Gedächtnishaus Fohrenbühl, Fohrenbühl 12, 78730 Lauterbach, Tel. 07422/4461, www.der-turm-fohrenbuehl.de
Gasthaus Tannhäuser, Hauptstraße 76, 78132 Hornberg, Tel. 07833/316, www.tannhaeuser-hornberg.de

Karten und Infos
Lokale Fahrrad-Karten bei der Tourist-Information Hornberg, Bahnhofstraße 3, 78132 Hornberg

Nein, statt eines Fahrradhelms müssen Sie auf dieser Tour keinen Bollenhut tragen. Wir starten in Gutach/Schwarzwaldbahn und lassen uns hinauftragen zur alten Landesgrenze zwischen Baden und Württemberg auf dem Mooswaldkopf oberhalb von Fohrenbühl.

Über die Tour Neben der Schwarzwälder Kirschtorte ist der Bollenhut das Symbol schlechthin, das weltweit für den Schwarz-

wald steht. Dabei fokussiert sich die Herkunft der auffälligen Kopfbedeckung lediglich auf drei kleine Gemeinden im Kinzigtal: Gutach/Schwarzwaldbahn (nicht zu verwechseln mit Gutach im Elztal), Wolfach-Kirnbach und Hornberg-Reichenbach. Die traditionelle Volkstracht darf eigentlich nur dort getragen werden, wird von traditionsbewussten Einheimischen heute noch bei feierlichen Anlässen angelegt und über viele Generationen hinweg weiter vererbt, da es kaum mehr Handwerksbetriebe gibt, welche die Tracht im alten Stil herstellen.

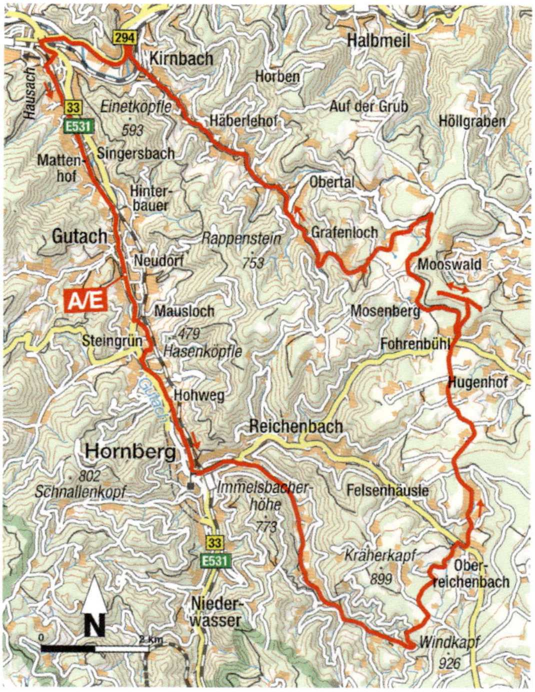

In dem geschichtsträchtigen Ort Gutach startet unsere Route, die als einzige Tour in diesem Führer fast ausschließlich auf asphaltierten Radwegen, Sträßchen oder Straßen stattfindet. Das bedeutet, sie kann mit jeder Art von E-Bike gefahren werden. Sei es ein Mountain-E-Bike, ein Trekking-E-Bike, ein Cross-E-Bike, ein Gravel-E-Bike, ja sogar mit einem City-E-Bike, wenngleich wir die letzte Variante nicht unbedingt empfehlen.

Die Bollenhut-Tour startet eben im Kinzigtal, um dann ab Hornberg stetig und gleichmäßig bergauf zu ziehen. Am höchsten Punkt, dem Gedächtnishaus Fohrenbühl auf dem Mooswaldkopf (880 m), überqueren wir die alte Grenze zwischen dem Großherzogtum Baden und dem Königreich Württemberg, die dort durch einen alten Grenzpfeiler dokumentiert wird. Der Mooswaldkopf bildet noch heute die Grenze zwischen der Gemeinde Lauterbach und Hornberg. Das Gedächtnishaus Fohrenbühl – ein Wanderheim des Schwarzwaldvereins – mit seinem außergewöhnlichen Aussichtsturm und der gepflegten Freifläche bietet sich für eine längere Rast an.

Von hier an geht es nur noch bergab – und zwar durch das einsam gelegene, aber wunderschön romantische Kirnbachtal entlang des gleichnamigen Bachs mit vielen sehenswerten alten bis uralten Schwarzwaldhöfen. Auf der Talsohle an der Kinzig stoßen wir dann schließlich auf den Kinzigtal-Radweg, der uns ohne Steigung, vorbei am Freilichtmuseum Vogtsbauernhof, wieder zurück nach Gutach führt.

Linke Seite: Das Gedächtnishaus des Schwarzwaldvereins auf dem Mooswaldkopf mit seinem markanten Turm

Wegverlauf Vom Parkplatz an der Sporthalle nehmen wir linksgerichtet den Fahrradweg entlang der B33 nach Hornberg. Nach etwa einem Kilometer biegt der Weg links ab in den Ortsteil Am Bühl und rechts auf der Straße Sonnenberg durch Mausloch und dann rechts hinunter nach Vor-Ebersbach. Nochmals kurz parallel zur B33, dann links in den Obertalweg und nach der Brücke rechts, auf der Straße Am Kindergarten entlang der Gutach. Wir biegen rechts ab in den Hohenweg, der führt durch Markgrafenhof nach Hornberg. Geradeaus über die Brücke, in die Straße Am Kirchplatz, an der Kirche vorbei zur Hauptstraße. Auf dieser nach links bergauf und geradeaus unter dem Eisenbahnviadukt hindurch.

Burgruine Hornberg, einst Wächter des Kinzigtals

Burgruine Hornberg

Die heute vielen von der Parabel vom Hornberger Schießen bekannte Burg wurde um 1100 von den Herren von Hornberg zunächst auf dem unteren Schlossfelsen bei Althornberg errichtet. Nach der Herrschaftsteilung etwa 100 Jahre später gründeten die Freiherren unterhalb des Burgfelsens einen Wirtschaftshof und später eine kleine Stadt. Auf dem Felsen selbst wurde die Burg errichtet, die lange Zeit das Gutachtal kontrollierte. Im Verlauf der Geschichte wurde das spätere Schloss von Schweden und Franzosen in den verschiedenen Kriegen zwischen 1640 und 1690 mehrfach niedergebrannt. Ab 1801 im badischen Besitz, sind heute von der einstigen Befestigungsanlage noch der Pulverturm, der 30 Meter hohe Bergfried und ein Aussichtsrondell erhalten. Das sogenannte Neue Schloss, das Ende des 19. Jahrhunderts errichtet wurde, beherbergt heute nach Umbauten das Hotel Schloss Hornberg.

Die Hofroute Nach ca. 500 Metern biegen wir halb rechts in die Schwanenbacher Straße ein. Die führt nun stetig bergauf durch das Schwanenbachtal, am Andreaslishof vorbei, an der Zuckerbauernhofmühle, am Blumjockelshof und am Untersteighof vorbei. Wir passieren das Igelloch und bleiben am kommenden Abzweig links, erreichen das Landgasthaus Lamm und nehmen kurz darauf wieder die linke Straße. Die zieht kurvig bergan, wir passieren den alten Wolfsteighof und erreichen auf dem Sattel ein T-Stück, wo wir uns links halten und bis zum Wanderparkplatz radeln.

Dort nehmen wir den Weg rechts in den Wald, der kurz darauf auf ein Sträßchen trifft, das uns rechts hinunter zur

Talstraße bringt. Dort zunächst kurz rechts, und direkt vor dem Sägewerk Oberreichenbach biegen wir in die Straße Rötenbach links ein, die uns wieder bergauf, an einzelnen Höfen vorbei bis zur Kreuzung mit der L108, der Verbindungsstraße zwischen Hornberg und Schramberg, bringt.

Historischer Ritterhof Kirnbach

Dieses Gebäude im sogenannten Grafenloch mit strohgedecktem Schopfwalmdach, Holzverkleidung und engsprossiger Fensterleiste im Wohnbereich des Erdgeschosses ist der Inbegriff eines Schwarzwaldhofs. Interessant auch die Geschichte. 1590 wird der Ritterhof zum ersten Mal erwähnt als zur »Herrschaft Württemberg gehörig«. Nach etlichen Besitzerwechseln kaufte der großherzoglich badische Ministerialrat Albert Sprenger 1866 das Anwesen für 32000 Gulden und machte es nach großzügigem Ausbau zu seinem Feriendomizil. 1903 kaufte die Gemeinde Kirnbach den Hof. Seitdem wechselte er mehrfach in Privatbesitz.

Zum Gedächtnishaus Fohrenbühl Diese queren wir zwischen den zwei Gasthäusern Schwanen und Adler und steigen, vorbei am Waldparkplatz Fohrenbühl, das kurze Stück zum Mooswaldkopf, der alten Grenze zwischen Baden und Württemberg und dem Gedächtnishaus des Schwarzwaldvereins auf.

Nach angemessener Rast rollen wir zurück zum Waldparkplatz und biegen dort rechts in die Straße Mosenwald ein. Aus dem Wald heraus folgt eine Dreier-Kreuzung, wir nehmen halb rechts den mittleren Weg Waldhäuser, der uns vorbei am Freizeitheim Moosenmättle im Wald zum Abzweig Rotsal bringt.

Historische Rarität: der strohgedeckte Ritterhof im Kirnbachtal

Hinab nach Kirnbach Wir biegen scharf links den Berg hinunter ab, kaum aus dem Wald heraus nehmen wir bei dem kleinen Teich links den Simon-Hansenhof-Weg. Auf schöner Strecke passieren wir den gleichnamigen Hof und landen an der Kreuzung Sommerecke.

Von hier geht es rechts auf der Straße Grafenloch zackig und kurvig durch das Kirnbachtal bergab und an einzeln gelegenen pittoresken Schwarzwaldhöfen vorbei. Ein ganz besonders schönes Exemplar ist dabei der historische Ritterhof, links von der Straße auf halber Strecke nach Kirnbach.

Genau hier am Doppelgrenzpfahl verlief die alte Grenze zwischen dem Königreich Württemberg und dem Großherzogtum Baden.

Auf dem Kinzigtal-Radweg zurück Wir treffen auf die Talstraße (K5361), in die wir links einbiegen und weiter abwärts das gesamte Straßendorf Kirnbach durchfahren, bis wir auf eine T-Kreuzung nahe der Kinzig treffen, an der wir rechts abbiegen, gleich darauf die Bahngleise queren, um kurz darauf links die Radwegbrücke über die Kinzig zu nehmen, an deren Ende wir links in den Radweg Richtung Hausach einbiegen.
Der Radweg führt entlang der B294 bis zum Ortseingang Hausach, zweigt dort links ab nach Breithauptshof und dort rechts (nach der Total-Tankstelle) in die Hirschgasse. Nach Unterquerung der Bahngleise führt er nach links und an den Gleisen etwa drei Kilometer entlang. Dann dem Rad-/Fußweg entlang der B33 nach Gutach vorbei am Freilichtmuseum Vogtsbauernhof zurück zum Ausgangspunkt der Tour folgen.

Schmal windet sich die Straße das Kirnbachtal hinab, mit einzelnen Höfen am Wegesrand.

Freilichtmuseum Vogtsbauernhof

Das Schwarzwälder Freilichtmuseum Vogtsbauernhof in Gutach stellt das Leben, Wohnen und Arbeiten der Menschen im Schwarzwald in den letzten Jahrhunderten dar und ist mit rund 250000 Besuchern in der siebenmonatigen Saison (Anfang April bis Ende Oktober) eines der besucherstärksten Freilichtmuseen Deutschlands. Der Namensgeber des Museums ist der Vogtsbauernhof von 1612, der als einziger der insgesamt sechs Schwarzwälder Eindachhöfe an seinem ursprünglichen Standort steht. Beim Rundgang können die Besucher dem Alltag der bäuerlichen Bevölkerung von vor über 400 Jahren nahekommen, denn sämtliche Gebäude können größtenteils begangen werden. So beeindrucken die im Original erhaltenen Bauernstuben und Schlafkammern mit handbemalten Möbeln genauso wie die seinerzeit gewaltigen Kachelöfen, die den gesamten Hof warmhalten mussten. Mühlen, Sägen, Bauerngärten, ein Kräutergarten und zahlreiche Tiere alter Rassen auf dem Museumsgelände vervollständigen den authentischen Eindruck (Wählerbrücke 1, 77793 Gutach, www.vogtsbauernhof.de).

15 Reben- und Obstgarten-tour Oberkirch

Quer durch das Erdbeer-Paradies

Mittel | 49 km | 500 Hm | 3 Std.

Tourencharakter
Wir fahren in etwa die Hälfte der Strecke auf Waldwegen und Pfaden, den Rest, insbesondere auf dem Rückweg, auf asphaltierten Flurbereinigungswegen und Straßen.

Ausgangs-/Endpunkt
Parkplatz am Weingut Neveu, Hespengrund 11, 77770 Durbach

Anfahrt
ÖPNV: Der Bahnhof Offenburg ist nur 6 Kilometer von Durbach entfernt. Direkt-Bus ab Offenburg Bahnhof/ZOB nach Durbach Rathaus. Verbindungen täglich alle 2 Stunden. Fahrradmitnahme vorher klären.
Pkw: Über die A5 bis zur Abfahrt Appenweier. Weiter auf der B28 Richtung Freudenstadt bis zur Abfahrt Offenburg. Dort auf der B3 bis Windschläg, dann an der Ampel links Richtung Durbach über Ebersweier.

Einkehr
Weingut Freiherr von Neveu – Gutsschenke, Hespengrund 11, 77770 Durbach, Tel. 0781/41 65, www.weingut-neveu.de
Bauhöfer's Braustüb'l, Ullenburgstraße 16, 77871 Renchen-Ulm, Tel 07843/695, www.braustuebl.de

Karten und Infos
Kompass Fahrradkarte Blatt 3368 Mittlerer Schwarzwald, Kinzigtal, Offenburg, Strasbourg 1:70000, E-Bike-Karte Ortenau über Renchtal Tourismus, Tel. 07802/82600

Vom Durbachtal ins Renchtal und zurück führt diese Runde. Von Durbach, der höchstprämierten Weinbaugemeinde Deutschlands, hinüber nach Oberkirch, dem Eingang ins Renchtal und der heimlichen Brenner-Hauptstadt Deutschlands mit über 900 Hausbrennereien.

Über die Tour Reben und Obstplantagen säumen unseren Weg, der zunächst an den westlichen Schwarzwaldhängen mit seinen tiefen Taleinschnitten entlangführt. Wald ist auf dem ersten Streckenteil natürlich ebenfalls ein permanenter Begleiter, wobei das Auge immer wieder erstaunt feststellt, dass die Weinbauern im Laufe der Jahrzehnte in mühseliger Arbeit ihre Rebhänge bis direkt an die Baumgrenzen hinaufgezogen haben. Nach etwa einer Stunde Fahrzeit rollen wir zum Eingang des Renchtals hinunter.

Das fruchtbare Tal der Rench mit den Hauptorten Oberkirch, Lautenbach und Oppenau ist die Heimat für eines der wichtigsten Obstanbaugebiete Deutschlands. Über Jahrzehnte hinweg haben hier zahlreiche Obstproduzenten dank der vielen Sonnenstunden die Qualität der geernteten Früchte optimiert. Zwetschgen, Kirschen und Äpfel werden großflächig kultiviert und die verschiedensten Beeren, allen voran die Erdbeere. Besonders im Frühling präsentieren sich die weitläufigen Obstplantagen dem Auge des Betrachters als weißes und rosa Blütenmeer.

Der Obstvielfalt in dem gesamten Einzugsgebiet verdankt Oberkirch auch den Titel als »Heimliche Brenner-Hauptstadt Europas«. Wohl bereits 1726 genehmigte der Straßburger Bischof seinen Untertanen im Amt Oberkirch, sich mit Schnapsbrennen etwas dazuzuverdienen. Heute gehen ungefähr 900 Brennbetriebe, die allermeisten davon Kleinbrenner, der alten Tradition nach. Je nach Obstbaumbestand werden die Früchte dann zu Zwetschgen-, Kirsch oder Mirabellenwasser gebrannt, natürlich werden auch Williamsbirne und Himbeeren zu den entsprechenden Spirituosen destilliert. Einzelne Betriebe brennen auch be-

Blick von der Fatima-Kapelle auf Oberkirch und den Eingang ins Renchtal

sondere Raritäten, wie z. B. einen Topinambur-Brand, im Badischen auch Rossler genannt.
Kurz vor Kappelrodeck mit seinem berühmten Dasenstein biegen wir links hinab in die Rheinebene und bewegen uns ohne nennenswerte Steigung durch Streuobstwiesen und Felder über Appenweier wieder auf Durbach zu, bevor wir in einer letzten Kraftanstrengung knackig über Wanderwege zur Maiglöckchenhütte und zum Hespengrund ansteigen. Von dort winkt im Tal die Gutsschenke des Freiherrn von Neveu mit einer badischen Vesper zur Belohnung.

Wegverlauf Wir starten vom Parkplatz beim Weingut Freiherr von Neveu im Durbacher Hespengrund und ziehen sofort den steilen Weg links zum Hespenkreuz hinauf. Dort halten wir uns rechts und rollen beim ersten Abzweig links hinunter bis zum Waldspielplatz Nesselried, wo wir scharf rechts Richtung Kohlstatt abbiegen. Wir nehmen den ersten Waldweg wieder rechts und stromern durch den Wald, bis die Rebhänge uns

Hoch über Oberkirch: die Reste der Schauenburg

stoppen. Dort scharf rechts den steilen Pfad zur Straße hoch bis zum Wohnmobil-Parkplatz Illental.

Wir kreuzen die Straße, steigen an bis zu den Illentaler Reben, biegen nach links ab und erreichen den Kohlstattblick. Dort wieder links bergabwärts bis zum Rheintalblick und weiter geradeaus bis zum Schwarzen Kreuz. Der Weg führt weiter geradeaus, dann vor dem Wald nach links und gleich wieder rechts weiter bis Hohrank. Die nächsten Wegmarken sind die Sagentafel Teufelsstein, das Rohrbacher Eck und der Fichtenbuckel. Nach der Teufelskapelle rollen wir bergab links in den Wald bis zur Schutzhütte Münsterblick.

Ruine Schauenburg

Das Geschlecht der Zähringer gehörte in dieser Region wahrhaft zu den fleißigen Burgenbauern, und so geht auch die Schauenburg bei Oberkirch auf sie zurück. Heute eine Ruine, wurde die Befestigung im 11. Jahrhundert von Herzog Berthold II auf einer 367 Meter hohen Spornterrasse im Renchtal oberhalb von Gaisbach errichtet. Die Reste der Burganlage sind als imposante Ruine zu besichtigen, Schildmauer, Ringmauer, Wohntürme, ein Torturm und der vorgelagerte Wall geben einen Eindruck von einstiger Größe. Von der nahe gelegenen Burgwirtschaft aus genießt man wunderbare Panoramablicke auf die Stadt Oberkirch, das Rheintal und natürlich die Burgruine.

Über Oberkirch zur Waldköpfelhütte Wir radeln durch den Wald bis zur Kapelle St. Wendelin und biegen links ab bis zur Judas-Taddäus-Kapelle, nehmen dort rechts die St. Wen-

del-Straße hinein nach Bottenau-St. Wendel, biegen beim T-Stück links in den Meisenbühl, dem wir bergab bis zum Radweg an der Weintalstraße folgen. Da biegen wir rechts ein, radeln bis zum Kreisel an der B28, überqueren diese und kurz danach auf der Brücke am Ortseingang Oberkirch die Rench. Unmittelbar nach der Brücke biegen wir links auf Lange Tauern ein und nehmen direkt die erste Abzweigung rechts, überqueren das Reichenbächle und erreichen durch die Erdbeerplantagen die L89, die wir queren, um dann gleich rechts die kleine Straße Niederlehen bis zur ersten Kreuzung zu nehmen, wo wir links Richtung Spring abbiegen. Kurz vor den Häusern ziehen wir über einen Wiesenpfad und etwas später über Weinbauwege steil bis zur Fatima-Kapelle hinauf. Jetzt folgen wir dem Weg hoch über Ringelbach geradeaus weiter über die Tiergärtnerhöhe und den Ochsengrund bis zur Waldköpfelhütte. Der Weg rechts hoch durch den Wald führt uns direkt zur »Schnapswurzel«, einer urigen Getränkestation (wo man preisgünstig »nachtanken« kann), und weiter zum Waldulmer Weinblick, einer ganz außergewöhnlichen Aussichtsbank.

Oben: Schöne Idee von Touristikern und Winzern: der Waldulmer Weinblick, eine echte Riesenbank

Unten: Verdursten muss auf dieser Strecke keiner. Dafür sorgt unter anderem die »Schnapswurzel« an der Wegstrecke.

Heimat- und Grimmelshausen-Museum Oberkirch

Das alte Rathaus Oberkirch, in dem heute das Heimat- und Grimmelshausen-Museum untergebracht ist, reicht zurück bis ins Jahr 1802. Damals ließen es die Fürstbischöfe von Straßburg errichten, für den Magistrat, aber auch als Schule und Markthalle. Wer sich für Brauchtum, Handwerk und Industrie im Renchtal interessiert, erhält heute in dem zum Museum umfunktionierten Gebäude die entsprechenden Einblicke. Als Höhepunkt widmet sich eine Ausstellung dem außergewöhnlichen Leben und Werk des Barockdichters Hans Jakob Christoffel von Grimmelshausen. Dieser lebte knapp 20 Jahre in den eingemeindeten Orten Gaisbach und Tiergarten, wo sein bekannter Schelmenroman *Der Abentheuerliche Simplicissimus Teutsch* entstand (Hauptstraße 32, 77704 Oberkirch, Tel. 07802/82109).

Zurück nach Durbach Wir halten geradeaus leicht bergauf auf den Wald zu über Langhalde, Scherd und die Martinshütte, biegen am Waldrand links ab und rollen über zwei Haarnadelkurven bergab durch den Wald, bis wir beim Schotterwerk auf die Straße Kleinwäldele treffen. Hier geht es links ab auf dem Fahrradweg bis nach Mösbach. Wir folgen der guten Rad-

Schöner und robuster Rastplatz im Wald: die Waldköpfelhütte

wegbeschilderung durch die Streuobstwiesen und Felder nach Ulm, Erlach, Zusenhofen bis kurz vor Appenweier.

Jeder Quadratmeter wird für den Weinbau genutzt: Blick in die Illentaler Reben.

Wir unterqueren erst die B 28, bleiben rechts, unterqueren die Landstraße und nehmen nach der 3. Unterquerung den Radweg nach links. Der lenkt uns Richtung Ebersweier in sanftem Auf und Ab bis zur Weißkopfhütte. Entweder auf einem Pfad geradeaus oder auf einem Links-Rechts-Links-Schlenker durch die Obstwiesen (ganz nach Geschmack) erreichen wir die Nesselrieder Straße. Direkt am Ortseingang von Ebersweier ziehen wir über einen Wirtschaftsweg zwischen Waldrand und Weinberg ordentlich hinauf Richtung Hardtwald und erreichen die Maiglöckchenhütte.

Wir ziehen noch einmal leicht bergan durch den Wald am Urbansberg, halten uns am Waldrand links und fahren zwischen Baumgrenze und Rebstöcken über die Hilsbacher Höhe bis zum Hespenkreuz und von dort rechts steil ab zur Gutsschenke des Weinguts Neveu und dem Parkplatz.

Schönste Weinsicht Dasenstein

In den Kappelrodecker Weinbergen findet sich das Naturdenkmal Dasenstein nur wenige Gehminuten von der Ortsmitte entfernt. Der Felsen liegt direkt an einem Weinlehrpfad und am Ortenauer Sagenrundweg Dasenstein, der auf etwa 7 Kilometern einmal rund um Kappelrodeck führt. Lauschig im Rebberg gelegen, kann man von der markanten Gesteinsformation aus den Blick über die Weinhänge schweifen lassen – daher das Etikett »Schönste Weinsicht«. Die Sage von der Hex vom Dasenstein kann man glauben oder auch nicht, auf jeden Fall ist die Fabelfigur Namensgeberin für den örtlichen Wein geworden, den man bei der gleichnamigen hochgelobten Winzergenossenschaft im Ort verkosten und natürlich auch erwerben kann (Kappelrodeck-Dasenstein, oberhalb Amselweg, 77876 Kappelrodeck).

16 Durch das wilde Tal der Wolf

Abseits ausgetretener Pfade

Mittel | 30 km | 600 Hm | 3 Std.

Tourencharakter
Wir fahren größtenteils auf Schotterwegen, Waldwegen und kleine Teilstücke auf asphaltierten Straßen.

Ausgangs-/Endpunkt
Besucherzentrum am Kniebis, Straßburger Straße 349, 72250 Kniebis. Gebührenfreie Parkplätze beim Besucherzentrum oder am Skistadion (DSV Nordic Aktiv Zentrum) vorhanden.

Anfahrt
ÖPNV: Bis Freudenstadt Hauptbahnhof oder Stadtbahnhof, dann geht es mit dem Bus (Linie 100, 12 und 7266) weiter bis Kniebis. Bitte über Fahrradmitnahme vorab informieren.
Pkw: Von Osten über die A 81 führt die B 28 über Freudenstadt nach Kniebis, von Westen und der A 5 kommend über die Schwarzwaldhochstraße B 500, z. B. aus Baden-Baden.

Einkehr
Schwarzwaldgasthof Klösterle Hof, Klösterleweg 2, 77776 Bad Rippoldsau, Tel. 07440/215, www.kloesterlehof.de
Berghütte Lauterbad, Am Zollernblick 1, 72250 Freudenstadt-Lauterbad, Tel. 07441/9509966, www.berghuette-lauterbad.de

Karten und Infos
Kompass Fahrradkarte 3109 – Freudenstadt, Rottenburg, Rottweil

Diese Tour durch das weitgehend unbekannte Wolftal ist vergleichsweise kurz, hat es aber in sich. Während wir zunächst dem murmelnden Bach nur abwärts folgen, geht der steile Anstieg über den Bergrücken zwischen Bad Rippoldsau und Kniebis ganz schön in die Beine.

Über die Tour Den Menschen im Südwesten ist der Kniebis meistens durch winterliche Verkehrsdurchsagen auf SWR3 bekannt, denn insbesondere die Strecke Kniebis–Alexanderschanze wird bei Schneefall von querstehenden Lastzügen blockiert, die keine Schneeketten aufgezogen haben. Der Kniebis liegt direkt an der bekannten Schwarzwaldhochstraße, die von Freudenstadt her als B 28 firmiert, und sich dann bei der Passhöhe Alexanderschanze als B 500 durch den Nationalpark Schwarzwald Mitte/Nord bis in die Kurstadt Baden-Baden fortsetzt.

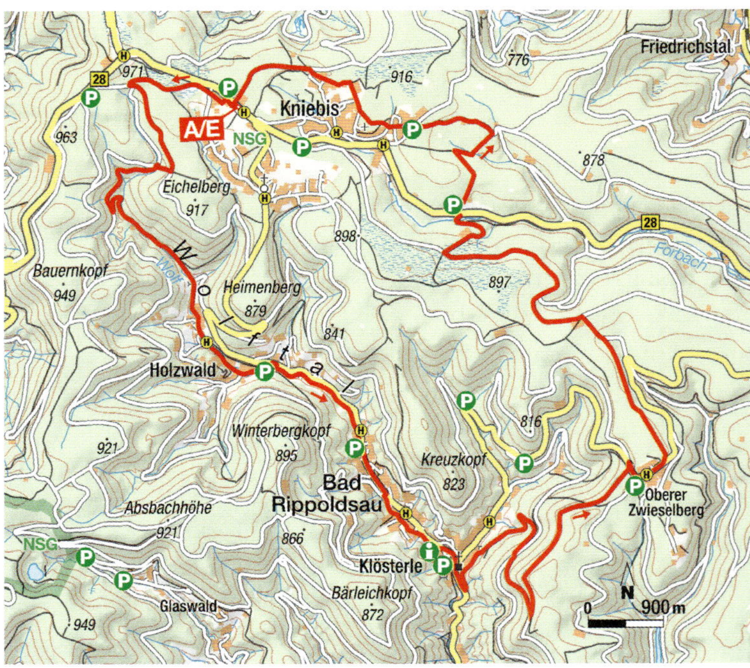

Sehenswert am Wegesrand: der malerische Ellbachsee, ein Erbe der letzten Eiszeit

Unsere Route führt zunächst vom Info- und Besucherzentrum Kniebis auf geschotterten Waldwegen tief hinunter ins Wolftal und entlang des Flusses bis nach Bad Rippoldsau, dem höchstgelegenen Mineral- und Moorbad im gesamten Schwarzwald.
Auch wenn der Wolf im Schwarzwald in den letzten Jahren verstärkt zum (umstrittenen) Thema wurde, so ist doch die Wolf noch weitgehend unbekannt. Sie entspringt nahe der Alexanderschanze in über 950 Metern Höhe im waldreichen Buntsandsteinareal des Kniebis und vereint auf ihrem Weg bergab zahlreiche Quellbäche aus dem gesamten Gebiet. Als Flüssle nimmt sie südöstlich den Weg nach Bad Rippoldsau, überquert dabei die unsichtbare Grenze zwischen Nord- und Mittelschwarzwald und schlägt danach schon als Fluss den südwestlichen Weg nach Oberwolfach ein. Die letzten 31 Kilometer ihres Flusslaufs legt die Wolf südlich zurück, bis sie in der Flößerstadt Wolfach in die Kinzig mündet.
Nach dem langen und steilen Anstieg von Bad Rippoldsau zum Zwieselberg befahren wir ein gutes Stück den Schwarzwald-Radweg über die Höhen zum Salzleckerweg. Nach der Durchquerung des steilen Forbachtals erreichen wir die Ortschaft Kniebis und gelangen zum Besucherzentrum. Der nahe gelegene Grenzweg mit seinen alten Grenzsteinen und den gut sichtbaren Wappen erinnert an die frühere Grenze zwischen Baden und Württemberg und an die bewegte Vergangenheit.

Wegverlauf Wir starten vom Besucherzentrum Kniebis aus nach rechts und folgen durch den Torbogen dem Radweg in Richtung zur Quelle des Flüsschens Wolf, das dem Wolftal seinen Namen gab. Nach 500 Metern queren wir die Eichelbachstraße und fahren auf der alten Passstraße voran. Kurz vor der Quelle biegen wir scharf links ein, wir nehmen den ersten Abzweig rechts und rollen auf der geschotterten Wolfstraße durch den Wald bergab.

Hinab ins Wolftal An der Kreuzung mit dem Eselsbrunnenweg bleiben wir in Talrichtung weiter auf der Wolfstraße, um nach kurviger Fahrt, dort wo sie in den Teufelslochweg übergeht, scharf links durchs Wüste Gründle zu kurven und weiter talabwärts, vorbei an der Tröndlehütte, immer neben der Wolf den Steinbruch Holzwand zu erreichen.
Weiter geht es auf der Holzwaldstraße hinab durch den Weiler Wolf bis nach Holzwald ins Wolftal. Am Wanderparkplatz Holzwälder Höhe bleiben wir links auf der Straße, erreichen nach kurzer Fahrt die Kniebisstraße, in die wir rechts einbiegen, um gleich darauf wieder rechts beim Waldkulturhaus in Bad Rippoldsau auf dem Radweg weiter bergab in Richtung Schapbach zu wechseln.

Hinauf nach Zwieselberg Wir folgen dem Radweg entlang der Wolf, vorbei an der Schmiedbauerbrücke und der Alten Tränke und wechseln kurz danach auf die Fürstenbergstraße, die wir kurz vor dem Peterstaler Mineralbrunnen nach rechts wieder verlassen, um am Fluss entlang auf den Kurpark zuzuradeln. Wir durchqueren den Park mit dem Kurhaus, fahren zunächst weiter auf der L96, biegen aber nach etwa einem Kilometer bei der Kläranlage scharf links steil hinauf auf den Steigweg ein.

Burgbach-Wasserfall

Und wieder ein »hidden champion« im nicht gerade Wasserfall-armen Schwarzwald. Gut versteckt im Burgbachtal stürzt das Wasser des Burgbachfalls über 32 Meter Gesamthöhe über eine steile Felswand. Er zählt damit zu einem der höchsten frei fallenden Wasserfälle in Baden-Württemberg. Sein Wasser kommt aus dem Burgbach, der anschließend steil abwärts auf die Wolf trifft, mit der er später in die Kinzig mündet. Vom Wasserfall aus sind es nur ein paar Serpentinen und eine Treppe bis zum Aussichtspavillon auf dem Burgbachfelsen. Von der kleinen Hütte aus öffnet sich eine wunderbare Aussicht ins Burgbachtal. Eingebettet in einen dichten Nadelwald führen ein Wanderweg und eine Natursteintreppe bis zum Wasserfall. Zu erreichen ist der Wasserfall von Freudenstadt aus Richtung Zwieselberg nach Bad Rippoldsau-Schapbach. An der Wallfahrtskirche in Bad Rippoldsau auf der L96 links bis zum Wanderparkplatz Vor Burgbach, von dort sind es nur ca. 800 Meter bis zum Wasserfall.

Wie der Name verrät, geht es knackig bergauf und der E-Biker freut sich ordentlich über die Akku-Unterstützung. Wir treffen auf den Wäldeleweg, halten uns dort rechts, vorbei am Römerloch, knicken dann scharf links auf den Roßhardtweg und ziehen weiter bergan in Richtung Zwieselberg, bis wir auf die L404 treffen.

Zurück zum Kniebis Hier geht es ein kurzes Stück auf der Straße rechter Hand bergauf nach Zwieselberg und am Ende des Weilers gleich links auf den Schwarzwald-Radweg. An der Kreuzung Krumme Buche halten wir uns links weiter auf dem Radweg, der uns nach einer lang gezogenen Rechtskurve, gefolgt von einer Linkskurve, zum Kasernenbrunnenweg bringt, in den wir nun rechts abbiegen und geradeaus bergab folgen.

Wir biegen die nächste rechts ab, überqueren erst die Brücke über den Forbach und dann die B28, um gleich auf der anderen Straßenseite geradeaus in den Wald zu radeln. Nach gut einem Kilometer biegen wir oben rechts ab, nehmen die nächste Möglichkeit nach links und nach kurzem Stück nochmal links und erreichen das Baiersbronner Sträßle am Ortsrand von Kniebis.

An der ersten Gabelung befahren wir halb rechts die Straße Am Buchschollen bis zum Parkplatz Kohlwald, wo wir links in Richtung B28 abbiegen und gegenüber der Bundestraße bereits wieder das Besucherzentrum Kniebis und unseren Parkplatz sehen. Unbedingt anhängen: einen Abstecher zum Ellbachseeblick!

Der Burgbach-Wasserfall zählt zu den höchsten frei fallenden Wasserfällen im Ländle.

17 Rund um das Kaiserstühler Herz

Rebterrassen und ein Exotenwald

Leicht/Mittel	35 km	760 Hm	3 Std.

Tourencharakter
Wir fahren größtenteils auf Wald- und Wanderwegen, innerorts auf Asphalt.

Ausgangs-/Endpunkt
Achkarren, Winzergenossenschaft, Schlossbergstraße. Parkplätze vorhanden.

Anfahrt
ÖPNV: Vogtsburg verfügt über drei Bahnhöfe (Achkarren, Burkheim/Bischoffingen und Oberrotweil) sowie über zahlreiche Bushaltestellen, welche über die sieben Ortsteile verteilt sind.
Pkw: A 5 Karlsruhe–Basel, Ausfahrt Freiburg Mitte, dann auf die B 31a in Richtung Gottenheim, weiter über die L 115 nach Vogtsburg und den Teilort Achkarren.

Einkehr
Köpfers Steinbuck, Steinbuckstraße 20, 79235 Vogtsburg-Bischoffingen, Tel. 07662/9494650, www.koepfers-steinbuck.de
Gasthaus Zur Lilie, Lilienhof 5, 79241 Ihringen, Tel. 07668/9956393, www.lilie-liliental.de

Karten und Infos
Karte *Kaiserlich Radfahren im Naturgarten Kaiserstuhl*, erhältlich über www.naturgarten-kaiserstuhl.de.

Die Großgemeinde Vogtsburg im Kaiserstuhl ist in den 1970ern durch Zusammenschluss aus sieben Kaiserstuhlgemeinden entstanden und gilt als das Herz der Region. Unsere Bonustour fasst als Best-of die wichtigsten Höhepunkte zusammen.

Über die Tour Mediterranes Klima, fruchtbare Lössboden und schier endlose Rebterrassen – dafür steht der Kaiserstuhl. Diese E-Bike-Runde führt uns auf drei der höchsten Erhebungen des kompakten Mittelgebirges zwischen Schwarzwald und Vogesen (Eichelspitze, Mondhalde und Schlossberg). Unterwegs passieren wir Wege durch die landschaftsprägenden Rebterrassen und den einen oder anderen Lösshohlweg. Wunderbare Ausblicke in Richtung Schwarzwald, Rheinebene und Vogesen sind auf dieser leichten bis mittelschweren Runde immer wieder inbegriffen.

Prägendes Landschaftsbild im Kaiserstuhl: Rebterrassen, soweit das Auge blicken kann.

Auch die spezielle Fauna und Flora machen eine Kaiserstuhl-Radtour zu einem besonders interessanten Erlebnis. Bereits im März starten auf Wiesen und Hängen von der Sonne gelockt Frühblüher wie die violett strahlende Küchenschelle, aber auch Weinberglauch, wilder Feldsalat oder Wildkräuter. Die frühe Wärme lockt auch hier heimische Eidechsen hervor, die zwischen März und Juni die ersten Sonnenstrahlen tanken. Zauneidechsen, Mauereidechsen, aber auch die selten gewordene schillernde Smaragdeidechse. In der Paarungszeit überbieten sich die Männchen geradezu mit blau schillernden Bäckchen im Imponiergehabe.

Forstliches Arboretum Liliental

Die Forstliche Versuchs- und Forschungsanstalt Baden-Württemberg (FVA) baute im Liliental bei Ihringen ab 1958 ein Versuchsgelände für Pflanzenkultur und eine Sammlung seltener Bäume (Arboretum) auf. Ein Mammutwald, Tulpenbäume, Lotuspflaumen oder griechische Tannen stehen in Eintracht mit Eichen, Birken, Ahorn oder Linden. Das gesamte Areal ist durchzogen von gut ausgebauten Wander- und Radwegen und stellt ein einzigartiges Erholungsrefugium dar. Hinweistafeln helfen beim Identifizieren von Bäumen und Sträuchern. Zudem verteilen sich Aussichtspunkte, Schutzhütten, Feuerstellen und Rastbänke auf dem insgesamt 250 Hektar großen Areal. Das Liliental kann mit dem Auto, Fahrrad oder zu Fuß erreicht werden (Lilienhof 7, 79241 Ihringen).

Die bunten Bienenfresser, die in den Lösswänden brüten, die Gottesanbeterin, Steinkäuze, der auffällig befiederte Wiedehopf, selbst die scheue Wildkatze – viele in anderen Gegenden nicht mehr anzutreffende Tiere haben die wärmste und sonnengestreichelte Landschaft im Südwesten zu ihrer Heimat erkoren. Auf den Trockenrasenflächen des Badbergs wachsen und blühen mehr als 33 Orchideenarten wie das Helm-Knabenkraut oder die Hummelragwurz. Im Verlauf der 1970er-Jahre entstand durch den Zusammenschluss von sieben traditionsreichen kleinen Winzergemeinden – Achkarren, Bickensohl, Bischoffingen, Burkheim, Oberbergen mit Altvogtsburg, Oberrotweil mit Niederrotweil und Schelingen – die Großgemeinde Vogtsburg im Kaiserstuhl, auf deren Gebiet sich allein 12 der 14 Naturschutzzonen des Kaiserstuhls befinden. Vogtsburg stellt mit knapp 1400 Hektar Rebfläche die größte Weinbaugemeinde Baden-Württembergs dar und vom Klima begünstigt wächst im Gebiet des Kaiserstuhls ein Viertel des gesamten badischen Weins. Kein Wunder, dass sich namhafte Winzerbetriebe entlang des Wegs in jedem einzelnen Ort finden lassen. E-Bike-Verleih: www.naturgarten-kaiserstuhl.de/de/kaiserlich-erleben/rad-fahren/e-bike-stationen

Wegverlauf Wir starten unsere Tour direkt an der Winzergenossenschaft Achkarren in der Schlossbergstraße, wo sich nahe dem Gebäude auch ausreichend Parkplätze finden. Ein Besuch im Weinshop dort empfiehlt sich aus naheliegenden Gründen erst am Ende der Tour. Wir besteigen das E-Bike und rollen über den hinter der Genossenschaft liegenden asphaltierten Winzerweg rechts Richtung Ortsende, wechseln dort auf das schmale Sträßchen Im Feldacker, dem wir in Richtung Bahnhof Achkarren folgen.

Wir passieren den Bahnhof, durchfahren einen kleinen Kreisel und richten uns auf dem parallel zur Straße verlaufenden Fuß- und Radweg Richtung Breisach aus. Wir treffen auf den Ihringer Baggersee und halten uns dort auf dem Radweg links, bis wir nach Ihringen, den wärmsten Ort Deutschlands einfahren.

Wer möchte, fährt das gut ausgeschilderte Naturzentrum Kaiserstuhl neben dem Rathaus von Ihringen an. Hier können sich Interessierte ausführlich über die Geologie, die Natur und die Kulturgeschichte der Gegend informieren.

Die Wirtschaftswege in den Reben eignen sich auch hervorragend zum Radeln.

Im Auf und Ab zum Vogelsangpass Unsere Tour passiert die evangelische Kirche und den Friedhof, nach 250 Metern geht es einmal links in den Lenzbergweg und nach 200 Metern nun rechts in die Weinberge. Wir lassen den Asphalt hinter uns und bewegen uns bei leichtem Auf und Ab auf gut befahrbaren Feld- und Waldwegen, bis wir den Waldrand erreichen. Hier halten wir uns rechts bis zur Beschilderung Lilienhof. Das gleichnamige Gut lassen wir links liegen und stoppen 300 Meter später am Brunnen des Wanderparkplatzes Lilienthal, nahe dem Gasthaus Zur Lilie.

Eine große, gut ausgezeichnete Wegetafel weist uns von dort aus den Weg durch das forstliche Kleinod Liliental bis zum Vogelsangpass. Wir kommen an mächtigen Mammutbäumen vorbei, durchqueren einen prächtigen Birkenhain, stromern

Weingut Bercher, Burkheim

Das malerische Örtchen Burkheim mit seinem mittelalterlich anmutenden Kern ist seit mehr als 300 Jahren Heimat der Winzerfamilie Bercher. Das Gutshaus mitten im Ort wurde im Jahr 1756 von Franz Michael Bercher erbaut und ist seitdem der Sitz des Bercher'schen Weinguts und der Familie. Kellermeister Arne Berchert: »Wir bauen klassisch badische Weine aus, die vom typischen Kaiserstuhl-Terroir bestimmt sind und keinesfalls Kopien der französischen Burgunder« (Mittelstadt 13, 79235 Vogtsburg-Burkheim, Tel. 07662/212).

Links: Der Eichelspitzturm

Rechts: Der Eingang zum Lilien-tal mit Brunnen und Gasthaus

einen langen Hohlweg hinauf, bis wir auf einem breiten Forstweg den Rast- und Fernsichtplatz Vogelsangpass erreichen.

Über die Eichelspitze zur Mondhalde Wir überqueren die Straße und sehen die Eichelspitze mit ihrem markanten Turm vor uns liegen. Jetzt heißt es den Akku einzusetzen und den ersten knackigen Aufstieg zu meistern. Belohnt werden wir mit einem wunderschönen Blick über Kaiserstuhl und Vogesen bis hin zum Schweizer Jura von der Aussichtsplattform des 42,5 Meter hohen Eichelspitzturms.

Von der Eichelspitze folgen wir dem Weg zur Robert-Meier-Hütte, wenden uns dort nach links und fahren ab nach Oberbergen. Die Wegweiser mit dem Fahrrad führen uns am Ortsrand entlang, bis wir an der berühmten Weinlage Oberbergener Bassgeige wieder auf Serpentinen in die Rebberge einfahren, jetzt der Beschilderung Mondhalde folgend, und erreichen nach kurzem Anstieg den gleichnamigen Aussichtsplatz mit Pavillon.

Pittoresker Charme im mittelalterlichen Weinstädtchen Burkheim

Durch Winzergemeinden nach Achkarren Wir verlassen die Mondhalde durch die Rebberge in Richtung Bischoffingen, das wir rechts liegen lassen, und orientieren uns an der Beschilderung Bahnhof Burkheim. Dort queren wir die Landstraße, halten uns links und fahren durch das alte Stadttor in das mittelalterliche Weinstädtchen Burkheim mit seinem überaus reizvollen historischen Stadtkern ein. Dort können wir rasten und/oder dem historischen Familienweingut Bercher einen Besuch abstatten. Wir verlassen Burkheim, indem wir erneut die Landstraße queren, und nehmen den Radweg nach Niederrotweil. Bei der Kirche St. Michael geht es wieder über die Straße, dann nach rechts über die Bahnlinie, vorbei am Steinbruch und schräg links durch die Reben moderat bergauf Richtung Achkarren. Schließlich biegt rechts ein Waldweg zum Schlossberg ab. Wir bewältigen den letzten kurzen Aufstieg bis zum Gipfel. Hier stand einst die mächtige Burg Höhingen mit Türmen, Zinnen und Verteidigungsanlagen. Heute sind von ihr nur noch wenige Mauern übriggeblieben. Die Aussicht auf das nahe Breisach und die Rheinebene ist fantastisch.

Mit großem Fahrspaß geht es nun den Achkarrer Schlossberg, der zu den besten Weinbaulagen des gesamten Kaiserstuhls zählt, hinab, bis wir unseren Ausgangspunkt, die Achkarrer Winzergenossenschaft, wieder erreichen.

Winzergenossenschaft Achkarren

2019 wurden die Achkarrer von der renommierten Fachzeitschrift *Weinwirtschaft* zur besten Genossenschaft in Baden und zur zweitbesten in ganz Deutschland gekürt. Eine Auszeichnung, die zur Qualität verpflichtet. Ein Grundstock des Erfolgs ist der Achkarrer Schlossberg, an dem die Genossenschaft 75 Prozent der Rebfläche bewirtschaftet. Im Vergleich gehört die Lage aufgrund ihres Vulkanverwitterungsgesteins, das hervorragend die Wärme speichert, zu einer der besten in ganz Deutschland. Die alten Reben wurzeln dort bis zu 30 Meter tief. Nach einer Umstellung auf organische Düngung und mechanische Unterstockpflege, darf die Genossenschaft seit Ende 2021 das FAIR'N GREEN-Siegel für ganzheitliche Nachhaltigkeit im Weinbau tragen (Winzergenossenschaft Achkarren eG, Schlossbergstraße 2, 79235 Vogtsburg-Achkarren, Tel. 07662 93040)

18 Entspannt auf dem Albtalrücken

Von Teufelsküche und Gottesholz

Leicht	35 km	540 Hm	2 Std.

Tourencharakter
Wir fahren größtenteils auf Waldwegen, innerorts auf Asphalt.

Ausgangs-/Endpunkt
Remetschwiel, Parkplatz an der St.-Florian-Kapelle. Alternative Parkplätze finden sich an der Waldhausstraße beim Sportplatz.

Anfahrt
ÖPNV: Die nächsten Bahnhöfe sind in Waldshut, Tiengen und Seebrugg gelegen. Weiterfahrt nur per Bus möglich, wegen begrenzter Fahrradmitnahme nicht zu empfehlen.
Pkw: Von Waldshut über die B 500, Abfahrt Bannholz, Remetschwiel über die Gupfenstraße. Von Titisee, Schluchsee kommend über die B 500, Abfahrt Waldhausstraße.

Einkehr
Brauereigasthof Waldhaus, Waldhaus 1, 79809 Waldhaus, Tel. 07755/1600, www.gasthofwaldhaus.de
Gasthaus Posthorn, Hauptstraße 12, 79777 Ühlingen-Birkendorf, Tel. 07743/244, www.posthorn-uehlingen.de

Karten und Infos
Kompass-Fahrradkarte 3332 Südschwarzwald 1:70 000

Die Strecke führt durch eine eher unbekannte Ecke des Südschwarzwalds, tief im Landkreis Waldshut, aber hoch über dem wildromantischen Albtal. Touristisch definitiv nicht überlaufen, kommen wir entspannt auf gut befahrbaren Waldwegen voran.

Über die Tour Das wildromantische Albtal zwischen dem Albstausee bei St. Blasien und der Mündung in den Rhein bei Albbruck ist mit dem Fahrrad praktisch nicht zu befahren. Die Alb im Südschwarzwald (nicht zu verwechseln mit dem Fluss Alb im Landkreis Karlsruhe!) speist sich aus den beiden Quellflüssen Bernauer Alb und Menzenschwander Alb. Sie fließt in südlicher Richtung ab und bahnt sich nach dem Zusammenfluss der beiden Oberläufe 32 Kilometer lang ihren Weg durchs felsige Gestein, bis sie sich bei Albbruck dem Rhein anschließt.

In den (nicht ungefährlichen) Schluchten verstärkt sich das Gefälle des Flusses recht stark, vor allem, wenn sich die Alb durch alpinähnliche, klammartige Passagen zwängt, mit dem Höhepunkt der in den Albgranit geschnittenen Teufelsküche. Hier strudelt das Wasser um gewaltige Felsbrocken herum, schäumt und tost – vor allem nach der Schneeschmelze im Frühjahr. Durch den eiszeitlichen Albtalgletscher ist hier im Laufe der Jahrtausende einer der größten Gletschertöpfe des Schwarzwalds entstanden.

Ein Stück tiefer im Tal münden der Ibach und der Höllbach über malerische Wasserfälle kommend, in die Alb, die immer mehr Wasser aufnimmt. Eine Kreisstraße zwängt sich wegen der Enge der Schlucht fast 100 Meter oberhalb des Flusses in den Felshang und führt weiter ansteigend in Richtung Schluchsee. Nahe der Ortschaft Tiefenstein weitet sich dann die Schlucht und gibt den Blick auf den Tiefensteiner Granitsteinbruch sowie die Überreste der Burgen Tiefenstein und Ibach frei.

Auf der schmalen Straße durch die Schlucht gehört die Konzentration der Radler ganz dem Motorrad- und Pkw-Verkehr, sodass

Leise murmelnd zieht das Aubächle talwärts.

keine Zeit für Blicke auf die wilde Urlandschaft bleibt. Deshalb ist die Albtalschlucht zwar für trittsichere Wanderer zu empfehlen, aber nicht für Genussradler. Unsere Route führt uns daher größtenteils auf dem Höhenrücken zwischen der B500 und dem Albtal auf gut befahrbaren Waldwegen am Hang entlang, der aber immer wieder wunderbare Ausblicke ins Albtal hinab bietet. Sozusagen zum Warmfahren kreuzen wir aber zunächst die B500 und stromern durch den Wald zwischen Tiefenhäusern und Nöggenschwiel.

Wegverlauf Von der Kapelle aus nehmen wir die Dorfstraße aus Remetschwiel in rechter Richtung und radeln auf ihr bis nach Brunnadern, durchfahren den Ort und nehmen kurz vor dem Ortsende rechts die Straße Zum Auberg, die bergan aus dem Ort und durch Felder nahe der B500 verläuft, bis zu einer Unterführung, die uns an den Ortseingang von Tiefenhäusern bringt.

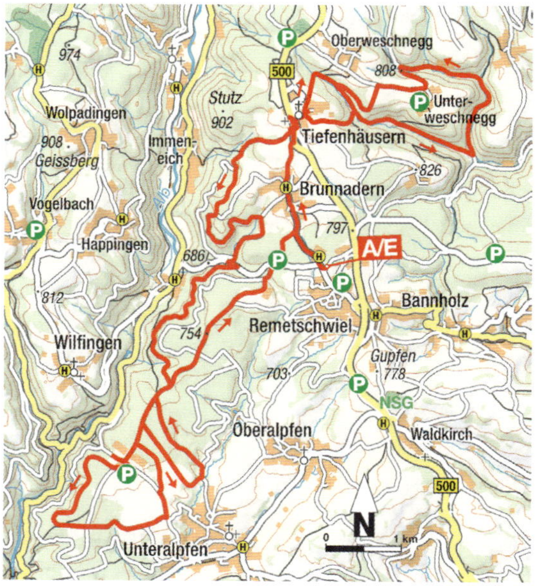

Fohrenbach und Aubächle Gleich beim ersten Abzweig nehmen wir die Straße rechts, die uns erst bergab, dann wieder bergauf an Bauernhöfen und der Grünschnittsammelstelle vorbei an den Waldrand bringt. Im

Tiefenhäuser Moor

Etwa 1,2 Kilometer oberhalb des Orts Tiefenhäusern, westlich der B 500 und auf gut 900 Metern Höhe, findet sich auf knapp fünf Hektar Fläche mit dem Tiefenhäuser Moor, ein Schwarzwald-typisches Hochmoor, das in den Randbereichen in ein Flachmoor übergeht. Geologisch handelt es sich um ein von einem Moränenwall umgebenes, eiszeitliches Zungenbecken, das bereits 1951 zum Naturschutzgebiet erklärt wurde. Da die Moorfläche keine tiefe Gräben aufweist und es beinahe eben auf dem Plateau liegt, hat sich stellenweise nachweisbares Torfwachstum ergeben. Mitten durch die Fläche führt ein Holzsteg, von dem aus sich typische Moorpflanzen wie die Rosmarinheide, das Scheidige Wollgras, Fieberklee, Sonnentau und unterschiedliche Torfmoose gut beobachten lassen.

Wald überqueren wir den Fohrenbach und biegen direkt danach rechts in den Aubachweg ein. Dem folgen wir in rasanter Fahrt bergab, bis wir an einem T-Stück, wo ein Schild rechts zur Auhütte verweist, auf den Neumühlweg treffen.
Diesem folgen wir links bergauf, immer entlang des Aubächle, passieren die ehemalige Neumühle und nehmen auf einem Sattel links den Kirchweg steil bergauf nach Unterweschnegg. Vor dem Ort halten wir uns auf der Kreisstraße rechts, biegen nach ca. 400 Metern links in den Weg ein, der in den Wald führt. Wir stoßen wieder auf den Aubachweg, in den wir erst links abzweigen, nehmen kurz darauf den Abzweig rechts, der uns über das Rohmättle wieder nach Tiefenhäusern zurückführt.

Auf schönen Wegen durch den Wald Wieder unter der B 500 hindurch, wenden wir uns nach links, um gleich darauf den ersten Weg rechts zu wählen, der uns durch Felder leicht bergab in den Wald führt. In großzügigen Bögen auf bestens befahrbarem Waldweg passieren wir das Gottesholz und ein dort in der Nähe in einen Baumstamm geschnitztes Symbol einer Friedenstaube, genießen den Blick tief hinunter ins Albtal und stoßen nach etlichen Kurven auf den Schützenweg, dem wir rechts bis zur Kreisstraße folgen.
Wir überqueren sie, fahren ein kurzes Stück links bergauf, um gleich darauf rechts in den Buckweg einzubiegen. Der führt vorbei am Aussichtspunkt Kaiserschloss (ist vom Buckweg aus nur zu Fuß über einen Pfad erreichbar) und weiter in launiger Fahrt bis zum Steinweg, in den wir rechts einbiegen, um kurz darauf die Waldwegkreuzung Rotes Kreuz zu erreichen.
Wir folgen dem Steinweg geradeaus, passieren den großen Bauernhof Stieg, kreuzen die Stiegstraße beim privaten Musikinternat Collegium Musicum und folgen rechts dem Bärenbrunnenweg in

Rad- und Wanderweg-Schnittstelle »Rotes Kreuz«

den Wald. In großzügigem Bogen führt der uns nahe der Leopoldquelle aus dem Wald hinaus und kurz vor Unteralpfen wieder auf die Stiegstraße. Der folgen wir kurz links, um gleich wieder rechts auf dem Stiegtannenweg in den Wald abzubiegen.

Edle Obstbrände aus Unteralpfen

Einst wurden bei den Marders im Nebenerwerb aus Früchten von den eigenen Obstwiesen verschiedene Schnäpse gebrannt. Heute, in der dritten Generation, hat sich die Destille zur Edelbrennerei gewandelt, die für ihre Brände, Geiste und Wässer mit Goldmedaillen bei internationalen Prämierungen geradezu überhäuft wurde. Brennmeister Stephan Marder verwendet nur Obst im optimalen Reifegrad von Produzenten, die er persönlich kennt, teilweise aus biologischem Anbau und Obst aus alten Bauerngärten, die z. B. noch uralte Sorten kultivieren. Während der Öffnungszeiten stehen alle Produkte im Ladengeschäft zur Verkostung bereit. Auf Anfrage werden auch Führungen und Verkostungen organisiert (Marder Edelbrände, Fichtenweg 5, 79774 Albbruck-Unteralpfen, Tel. 07755/23)

Zurück nach Remetschwiel Dort stoßen wir erneut auf den Steinweg, dem wir jetzt rechts erst zur Kreuzung Rotes Kreuz und dann weiter geradeaus über die Wacht bis zum Wanderparkplatz Haagwald folgen. Dort kreuzen wir die Kreisstraße, nehmen geradeaus den Reifmattweg und erreichen nach kurzer Fahrt wieder die Dorfstraße zwischen Remetschwiel und Brunnadern, in die wir rechts abbiegen, um nach kurzer Fahrt wieder den Parkplatz an der Kapelle zu erreichen.

19 Auf den Spuren des Bonndorfer Bähnle

Steigungsfrei im Schwarzwald? Ja, das geht!

Leicht | 56 km | 250 Hm | 3 Std.

Tourencharakter
Wir fahren größtenteils auf Waldwegen, innerorts auf Asphalt, durchgehend beschildert.

Ausgangs-/Endpunkt
Bahnhof Titisee-Neustadt, großer kostenfreier Parkplatz

Anfahrt
ÖPNV: Von Freiburg mit der Höllentalbahn Richtung Donaueschingen, Ausstieg Bahnhof Neustadt.
Pkw: Von Freiburg auf der B 31 in Richtung Titisee-Neustadt, Ausfahrt Neustadt. Von Donaueschingen auf der B 31 in Richtung Freiburg, Ausfahrt Neustadt. Von Lörrach auf der B 317 in Richtung Donaueschingen bis Ausfahrt B 31 in Richtung Freiburg, Ausfahrt Neustadt.

Einkehr
Privatbrauerei Rogg, Bonndorfer Str. 61–65, 79853 Lenzkirch, Tel. 07653/700, www.brauerei-rogg.de
Gasthof Sommerau, Sommerau 1, 79848 Bonndorf, Tel. 07703/670, www.sommerau.de

Karten und Infos
Kompass-Fahrradkarte 3332 Südschwarzwald 1:70 000

Gemächliche Radtour im Süd-Schwarzwald, gut für Senioren und/oder Familien geeignet. Lange und weitestgehend ebene Streckenteile führen über die aufgelassene, ehemalige Trasse der Stichbahn von Titisee-Neustadt nach Bonndorf.

Über die Tour 1907 als Nebenbahn der berühmten Höllentalbahn eröffnet, verband die Eisenbahnlinie über sieben Jahrzehnte den Bahnhof Titisee-Neustadt mit der »Löwenstadt« Bonndorf im Schwarzwald, bis sie 1977 aus wirtschaftlichen Gründen stillgelegt wurde. Ursprünglich war die im Volksmund »Bonndorfer Bähnle« genannte Linie dem aufkommenden Schwarzwaldtourismus geschuldet und transportierte Gäste aus ganz Deutschland sowohl in die Sommerfrische als auch zum Wintersport. Aber auch für die Holzabfuhr und sogar für den Transport

großer Bierfässer der Badischen Staatsbrauerei Rothaus in speziellen Kühlwaggons wurde die Bahnstrecke genutzt. Mit der zunehmenden Motorisierung nach dem Zweiten Weltkrieg verlagerte sich der Verkehr allerdings spürbar von der Schiene auf die Straße und die Strecke wurde für die Bahn unrentabel, stillgelegt und schließlich komplett zurückgebaut.
Ein so steigungsfrei verlaufender Radweg ist in dieser Länge im südlichen Schwarzwald ein Sonderfall und erlaubt weitestgehend entspanntes Radfahren durch waldgesäumte, sehr lange Geraden, tiefe Geländeeinschnitte und weit geschwungene, gleichmäßige Kurvenradien. Geübte Radler kommen hierbei ohne Akku-Unterstützung aus, die Wegbeschaffenheit erlaubt das Befahren mit Tourenrädern, Trekkingbikes, Mountainbikes und Gravelbikes.
Da es sich bei diesem Tourenvorschlag ausnahmsweise nicht um eine Rundtour handelt, radeln wir vom Ziel, dem Schloss Bonndorf, wieder den gleichen Weg zum Bahnhof in Neustadt zurück.

Wegverlauf Direkt am Bahnhof Neustadt stößt man auf die markante Beschilderung zum Bähnle-Radweg, der man nach rechts aus dem Ort hinaus folgt. Die Straße unterquert die Bahnstrecke, zieht kurz und knackig bergauf, wo uns nach 250 Metern das

Links: Ohne Gleise fährt es sich auf der ehemaligen Bahntrasse ganz hervorragend.

Rechts: Einst Eisenbahnbrücke, heute Highlight auf dem Bähnle-Radweg

Klausenbachviadukt

Ein interessantes Industriedenkmal stellt der Klausenbachviadukt, eine eiserne Untergurtbrücke mit einen Spannweite von 46 Metern, dar. Da er nahe einer ehemaligen Löffelschmiede bei Lenzkirch liegt, heißt er auch Löffelschmiedeviadukt. Die aufgrund des optischen Erscheinungsbilds auch Fischbauchbrücke genannte Konstruktion ist 22 Meter hoch und wurde 1906 über dem Klausenbach errichtet. Das Tal mit der Löffelschmiede ist ein Seitental der Haslach. Im Mündungsbereich arbeitete bis in die frühen 1950er-Jahre die Schleifensäge.

Der Klausenbachviadukt ist ein über 100 Jahre altes, spannendes Industriedenkmal.

Radwegzeichen mit leichtem Links-Rechts-Knick aus der Bebauung auf einen Feldweg verweist, der unter dem hochaufragenden Gutachviadukt leicht ansteigt, bevor es zackig bergab geht. In leichtem Auf und Ab radeln wir parallel zur Höllental-Bahnstrecke am Waldrand entlang, bis der Weg beim ehemaligen Bahnhof Kappel-Gutachbrücke nach rechts der alten Bahntrasse folgt.
Wir überqueren die L 156, rollen ein Stück auf Asphalt, bis der Weg wieder auf Forstmischung wechselt und durch den Wald führt. Linker Hand kann man ab und an einen Blick hinunter in die Wutachschlucht erhaschen. Auch laden immer wieder Bänke am Wegrand zur Rast ein.

Über Lenzkirch zum Klausenbachviadukt Vor dem ehemaligen Bahnhof Kappel-Grünwald queren wir ein Sträßchen und nähern uns nun zügig dem Heilklimaort Lenzkirch. Innerorts markiert die Ortsmitte mit Rathaus und Kirche eine Spitzkehre auf unserer Route, die weiter vorbei am Kurhaus, kurz über die B315, leicht hinauf in ein Wohngebiet und dann parallel zur B315 aus diesem wieder herausführt.
Bei der Privatbrauerei Rogg überqueren wir die B315 erneut. Eine empfohlene beschilderte Abkürzung führt durch das Brauerei- und Biergartengelände und trifft nach zwei Minuten wieder auf den Bähnle-Radweg, der nach lang gezogenen Kurven den Klausenbachviadukt erreicht.

Immer geradeaus Kerzengerade führt der Weg von dort durch hohe Tannen, bis er kurz vor Holzschlag auf einer beeindruckenden Holzbrückenkonstruktion wieder die Bundesstraße

überquert. Die Route führt am ehemaligen Bahnhof Gündelwangen vorbei leicht bergab, um nach einer scharfen Rechtskurve, gefolgt von einer leichten Linkskurve, durch den Wald bergauf zu ziehen.
Durch Mischwald führt die Strecke nun wieder relativ geradeaus bis zum Park- und Rastplatz an der Kreisstraße 6592. Diese wird gequert, dann gleich scharf links haltend die B315 unterquert, um auf der anderen Straßenseite leicht bergan durch Feld- und Wiesenlandschaft den Ortsrand von Bonndorf beim Friedhof zu erreichen.

Schloss Bonndorf

Das Bonndorfer Schloss wurde 1592/1594 als Wasserschloss errichtet und zwischen 1723 und 1726 im Stil des Barock umgestaltet. In den 1970er-Jahren wurde es von Grund auf restauriert und dient mittlerweile als Kulturzentrum des Landkreises Waldshut-Tiengen. Im prächtigen Festsaal des Schlosses veranstaltet der Landkreis regelmäßig Konzerte und Autorenlesungen. In den angrenzenden Sälen finden Ausstellungen zur klassischen Moderne und zur zeitgenössischen Kunst statt. Ferner beherbergt es die Stadtbücherei Bonndorf, das Notariat und die Schlossnarrenstuben. Das besondere Narrenmuseum im Erd- und Kellergeschoss zeigt in 15 Räumen über 400 Fasnachts-Miniaturfiguren, historische Exponate und Narrengewänder und stellt verschiedene Narrenvereinigungen vor.

Zum Schloss Bonndorf Wir rollen auf der Kirchstraße bergab, biegen innerorts links auf die Martinstraße (B315) ein und folgen dieser ca. 500 Meter mit zwei Rechtskurven, bevor wir wieder rechts in die Paulinerstraße abbiegen, die uns leicht bergab nach 150 Metern zum Ziel Schloss Bonndorf führt.

Schöne Barockfassade: das repräsentative Kulturschloss Bonndorf

20 Über das Schwarzwaldkleinod zum Feldbergpass

Quer durchs Bilderbuchdorf Menzenschwand

Mittel | 50 km | 760 Hm | 3 Std.

Tourencharakter
Wir fahren größtenteils auf Waldwegen, teilweise geschottert, innerorts auf Asphalt.

Ausgangs-/Endpunkt
St. Blasien, Parkplatz Bötzbergstraße am Windbergfels, gebührenfrei

Anfahrt
ÖPNV: St. Blasien ist mit der Bahn auf direktem Weg nicht zu erreichen. Der nächstgelegene Bahnhof ist Seebrugg am Schluchsee, von dort aus ist eine Weiterfahrt mit dem Bus möglich, die Fahrradmitnahme im Bus ist aber schwierig.
Pkw: Über die B500 Titisee–Schluchsee–Häusern nach St. Blasien – oder über Aha am Schluchsee–Menzenschwand nach St. Blasien.

Einkehr
Vesperstube Unterkrummenhof, Unterkrummenweg 3, 79859 Schluchsee-Aha, Tel. 07656/1500, www.unterkrummenhof.info
Café Rosalie, Im süßen Winkel 1, 79837 St. Blasien, Tel. 07672/4856677, www.caferosalie.net

Karten und Infos
Kompass-Fahrradkarte 3332 Südschwarzwald 1:70000, Lokale Fahrrad-Karten bei der Tourist-Information St. Blasien, Am Kurgarten 1, 79837 St. Blasien

Unsere Route führt von St. Blasien durch das – wie viele sagen – schönste Schwarzwalddorf Menzenschwand hinauf zum Feldbergpass. Gefolgt von schneidigen Abfahrten zum Schluchsee und Schwarzasee führt die Strecke durchs Windbergtal in die Domstadt zurück.

Über die Tour Diese Tour ist extrem abwechslungsreich und bietet im höchsten Maße »Schwarzwald at its best«! Wer sie einmal gefahren ist, möchte sie immer wieder fahren, soviel Schönes und Interessantes gibt es zu entdecken. Von der Domstadt St. Blasien aus – die nicht nur wegen des Sakralbaus einen Stadtbummel wert ist – erfahren wir das lang gezogene Menzenschwander Tal mit seinen uralten Trockenmauern und dem malerischen Ort Menzenschwand selbst. Brauchtum, Tradition, Kultur und Wellness geben sich in diesem wunderschönen Örtchen die Hand.

Der Blick vom Feldbergpass hinunter nach Menzenschwand in das Hochtal, das der Feldberggletscher einst herausgehobelt hat

Um hier unverfälschtes Schwarzwaldgefühl einzuatmen, lohnt sich ein längerer Aufenthalt. Zahlreiche Wander- und Bike-Wege starten oder kreuzen sich hier und das Radon-Revital-Bad macht müde Hiker und Biker wieder munter. Dort, wo das Tal schließlich zum Feldberg hin ansteigt, stürzt die Menzenschwander Alb über zahlreiche Felsstufen als außergewöhnlich plakativer Wasserfall ins Tal.

Ist der Feldbergpass durch kurzweiligen Bergwald erst einmal erreicht, geht es auf der anderen Seite der Feldbergvergletscherung lang gezogen hinunter zum Schluchsee. Immer wieder unterbrochen von sensationellen Ausblicken auf das Menzenschwander Tal oder das Schluchseebecken. Das Auge kann sich kaum sattsehen an so viel Tannenriesenidylle.

Die Route entlang des Schluchsees und hinauf zum Unteren Habsberg baut noch einmal Spannung auf, bevor es in rasanter Fahrt hinab zum Schwarzasee geht. Durch Häusern schließlich erreichen wir über Hochweiden das naturbelassene Windbergtal mit seinem alten Einödhof. Eine eigene kleine Welt für sich, weit ab von der Hektik unserer modernen Zeit und ebenfalls eine separate Reise in die Langsamkeit des Seins wert.

Wegverlauf Vom Hangparkplatz an der Bötzbergstraße rollen wir ein kurzes Stück bergab auf die Hauptstraße, in die wir rechts einbiegen und entlang der Alb am Dom vorbei den Abzweig links bis

Menzenschwand

Ein wahres Bilderbuchdorf streckt sich in ein malerisches Hochtal und Naturschutzgebiet am Fuße des Herzogenhorns und des Feldbergmassivs. Die typischen Schwarzwaldhäuser als alte Eindachhöfe mit dem tief heruntergezogenen Dach bestimmen das Ortsbild, als sei die Zeit seit Jahrhunderten stehengeblieben. Der Geburtsort des Fürstenmalers Franz Xaver Winterhalter hat seinem prominenten Sohn und dessen Bruder Hermann (ebenfalls Maler) mit dem Le Petit Salon ein kleines, aber sehr sehenswertes Museum im ehemaligen Rathaus gewidmet. Ein besonderes Highlight am Ende des Tals ist der beeindruckende Wasserfall in der romantischen, zerklüfteten Klamm der Menzenschwander Alb.

zur Umgehungsstraße nehmen. Dieser folgen wir rechts 200 Meter und queren sie bei den Glascontainern, um wieder rechts die Sebastian-Kneipp-Straße zu nehmen. Vorbei am Fußballstadion und dem Tennisclub radeln wir nahe am Flüsschen Alb bis zur Glashofsäge, biegen dort rechts ab durchs Sägenareal Im Glashof, um kurz darauf links in den Klusenweg abzubiegen. Dieser führt uns zur Landstraße L149, die wir queren, um genau gegenüber, an der Kompostierungsanlage vorbei, Richtung Menzenschwand zu ziehen.

Nach Metzenschwand Bemerkenswert und historisch wertvoll sind die bis zu 400 Jahre alten Trockenmauern im Menzenschwander Tal neben dem Radweg. Früher dienten diese aus losen Steinen aufgetürmten Barrieren als Abgrenzung der Allmendweiden (»wildes Feld«) von den Talwiesen (»zahmes Feld«). Wir erreichen Menzenschwand-Vorderdorf und befahren die Ortsstraße, vorbei am alten Rathaus im Hinterdorf. Danach folgen wir der Beschilderung zu den Wasserfällen und lassen die Häuser hinter uns.

Windbergtal

Das den uralten Windberghof umschließende Tal oberhalb von St. Blasien in Richtung Häusern verströmt den rauen und doch friedlichen Charme einer Urlandschaft. Durch Ziegenbeweidung vor der Verbuschung geschützt, wird es vom Windberg- und vom Hüttenhofweg wie von zwei Riesenarmen umfangen. Der Hof, ehemals Teil der klösterlichen Versorgungskette an Bauernhöfen, wurde in jahrelanger Arbeit von einer einzigen Familie liebevoll restauriert, die dort heute Ziegenkäse produziert. Uraltes Bauernland in dieser reinen, unverfälschten Form ist selbst im Schwarzwald heute so kaum mehr zu finden. Die Zeit steht hier still und man lernt beim Durchwandern oder Radeln wieder Demut vor der Schöpfung.

Hinauf zum Feldbergpass Über den großen Wanderparkplatz führt uns die Route zum Albhof am Wasserfall. Hier das Rad auf dem Parkplatz stehen zu lassen und zu Fuß einen Abstecher zu den außergewöhnlichen Wasserfällen zu machen, lohnt sich! Per E-Bike geht es nun Richtung Feldbergpass stetig bergan, bei der ersten Verzweigung halten wir uns links und passieren nach kurzer Zeit die Menzenschwander Kluse, ein Rückstaubecken für die dort noch junge Alb.

Immer höher ziehen wir durch den Bergwald hinauf, passieren die Wasserfälle Maria Loch und biegen nach der Talstation des Zeller Lifts rechts in den Albweg ein, der uns mit knackiger Steigung hinauf zum August-Euler-Platz auf dem Feldbergpass bringt. Wir fahren dort rechts gleich wieder auf den Rad- und Wanderweg Richtung Menzenschwander Hütte und Caritashaus. Auf 1240 Metern Höhe findet sich dort das höchstgelegene Rehazentrum für Kinder und Jugendliche in Deutschland.

Beeindruckend und faszinierend: die Wasserfälle in der Klamm der Menzenschwander Alb

Hinab zum Schluchsee Wir haben den höchsten Punkt unserer Tour erreicht und dürfen uns auf eine entspannte Abfahrt zum Schluchsee freuen. Direkt hinter dem Caritashaus startet der Lachenrütteweg talwärts. Nach kurzer Zeit schon ist ein Halt beim Talblick auf Menzenschwand obligatorisch, denn es bietet sich ein Wahnsinnsausblick. Weiter geht es vorbei an der Hochkopfhütte rechts auf den Hochkopfweg, auf dem wir auch beim nächsten Abzweig links bleiben. Bei der kommenden Kreuzung halten wir uns geradeaus und befahren weiter abwärts nun wieder den Lachenrüttenweg, der uns geradewegs nach Schluchsee-Aha führt.

Dort queren wir die Landstraße und nehmen den Seeweg rechts und fahren über das Brücklein, das den Muchenländer Weiher vom Schluchsee trennt, und halten uns linker Hand in Richtung Unterkrummenhof. Zügig und weitestgehend eben nähern wir uns dem beliebten Ausflugsziel. Wir verlassen dort allerdings den Seeweg und steigen rechtsgerichtet wieder leicht an auf dem Unterkrummenweg.

Bei der ersten Kreuzung wechseln wir bei der Kohlhütte halb rechts auf den Wüstengrabenweg, dem wir weiter bergan folgen, bis wir beim nächsten Abzweig scharf links auf den Alten Wüstengrabenweg wechseln, der uns bergab zum Trockenschieber der Schluchseewerke bringt. Dort biegen wir links ab, bis wir wieder auf den Unterkrummenweg stoßen, in den wir nun rechts einbiegen.

Zur Schwarza-Talsperre Vorbei am Wanderparkplatz Habsbergschanze erreichen wir Blasiwald, folgen rechtsgerichtet der Straße Eisenbreche aus dem Örtchen hinaus, bis wir auf die B500 stoßen. Wir queren die Bundesstraße und nehmen das Weglein exakt gegenüber, das uns fleißig bergab auf Waldwegen bis hinunter zur Schwarza-Talsperre bringt. Wir halten uns rechts über die Schwarzabrücke und steigen exakt in der sofort folgenden Kurve den steilen Waldweg geradeaus Richtung Häusern an.
Der Schwarzabruckweg führt direkt unter den Röhren des Pumpspeicherkraftwerks hindurch stetig bergauf an den Ortsrand von Häusern und wieder zur B500. Wir passieren eine große Tankstelle, queren danach die Bundesstraße in die Blasiwaldstraße und gleich wieder links in die Straße Abendweide, die uns aus dem Ort Häusern hinausführt.

Der Aufstieg zum Feldbergpass eröffnet immer wieder schöne Aussichten auf den Schluchsee.

Der imposante Dom von St. Blasien

Zurück nach St. Blasien Der Schönenbachweg führt uns über Hochweiden an den Waldrand und dort halb rechts in den Wald hinein. Eine wild geschlungene Links-Rechts-Kurve führt uns auf den Neuen Blasiwälderweg und an der nächsten Kreuzung scharf links bergab auf den Alten Blasiwälderweg. Über den erreichen wir die Windberghütte, fahren dort geradeaus über die Brücke über das Windbergbächle, um gleich darauf links dem Windbergweg bergab in Richtung St. Blasien zu folgen. Schon nach wenigen Minuten erreichen wir wieder den Parkplatz an der Bötzbergstraße.

Der Schwarzwalddom St. Blasien

Der Dom in St. Blasien – auch weißer Dom oder Schwarzwalddom genannt – ist ein von Weitem sichtbares beeindruckendes Kirchenbauwerk. Mit 36 Metern Durchmesser und 62 Metern Höhe ist der Kuppelbau im frühklassizistischen Stil der größte seiner Art nördlich der Alpen. Nachdem die Vorgängerkirche, eine zweitürmige Barockkirche, sowie Teile des angrenzenden Klosters 1768 abgebrannt waren, setzte der damalige Fürstabt Martin Gebert seinen kühnen Plan – ein kleines Abbild des Petersdoms in Rom zu schaffen – gegen viele Widerstände durch. Durch das Domareal finden regelmäßig Führungen statt, Termine sind dem Programm der Tourist-Information zu entnehmen. Jedes Jahr im Sommer finden die Internationalen Domkonzerte mit Interpreten aus aller Welt statt – ein Kulturgenuss höchster Klasse.

21 Zum König der Schwarzwaldberge

Der absolute Fahrrad-Gipfel

Mittel | 40 km | 660 Hm | 3 Std.

Tourencharakter
Wir fahren auf Waldwegen und Forstpfaden.

Ausgangs-/Endpunkt
Almgasthaus Knöpflesbrunnen (oberhalb von Utzenfeld)

Anfahrt
Pkw: Von der A5 (Karlsruhe–Basel), Abfahrt 64a, Bad Krozingen. Auf der L120/L123 nach Staufen/Breisgau, weiter ins Münstertal, von dort bergauf bis zum Wiedener Eck. Der L123 folgen bis Wieden, weiter Richtung Utzenfeld. Beim Weiler Königshütte, scharf links auf den Forstweg zum Wanderparkplatz Knöpflesbrunnen abbiegen.
Von der B317 (Schopfheim–Titisee), die Abfahrt nach Utzenfeld nehmen, im Ort rechts auf die L123 Richtung Wieden einbiegen, beim Weiler Königshütte rechts den Forstweg bergauf nehmen.

Einkehr
Almgasthaus Knöpflesbrunnen, Knöpflesbrunnen 1, 79694 Utzenfeld, Tel. 01520/6003551, knoepflesbrunnen.de
Gasthaus Rößle Gschwend, Im Dürracker 3, 79674 Todtnau-Gschwend, Tel. 07671/9925446, www.dasroessle.de

Karten und Infos
Kompass-Wanderkarten 887, Schwarzwald-Süd

Der Feldberg ist nicht nur der höchste Berg im Ländle, sondern außerhalb der Alpen der höchste Berg Deutschlands. Eine Radtour dort hinauf ist dank exzellent aufbereiteter Wege und spektakulärer Fernsichten auf der Route ein ganz besonderes Vergnügen.

Über die Tour Der Feldberg, mit seinen 1493 Metern der höchste Berg im Schwarzwald, ist Etappenziel und Umkehrpunkt der hier vorgestellten Fahrradtour. Ist man oben angekommen, kann man herrliche Ausblicke auf den südlichen Schwarzwald mit Feldsee, Titisee und Schluchsee genießen, sowie – bei guter Sicht – ein grandioses Alpenpanorama.

Auf unserer Route befahren wir den weitläufigen Rücken des Stübenwasen, mit 1389 Metern der sechsthöchste Berg im Schwarzwald und ein bekanntes Auerhahn-Habitat in der Re-

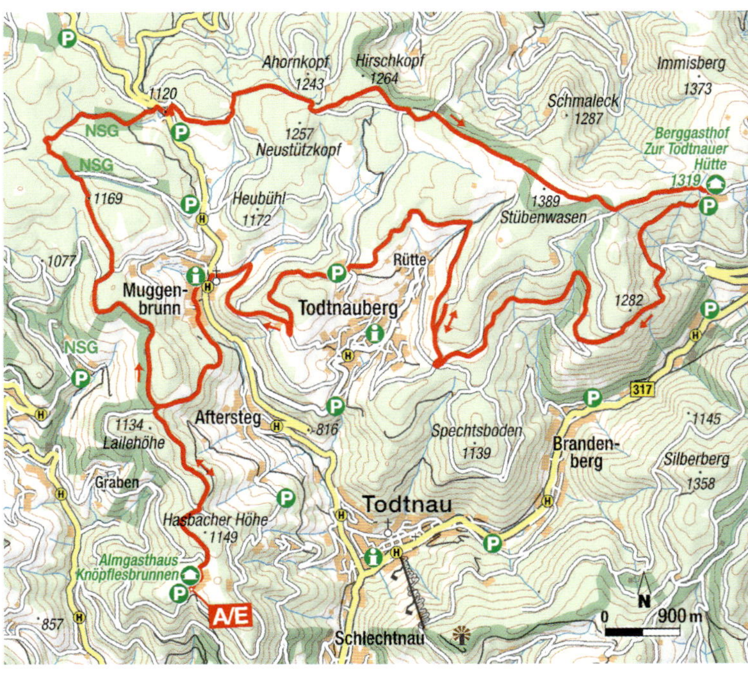

Das Rasthaus Todtnauer Hütte, im Hintergrund der Feldbergturm

gion. Etliche Wanderhütten am Weg bieten die Möglichkeit zur Rast und zur Einkehr, vor allem das an Start und Ziel gelegene Wandergasthaus Knöpflesbrunnen. Das wahrscheinlich schönste Almgasthaus im Südschwarzwald schmiegt sich auf 1100 Metern an die runde Bergkuppe des Knöpfle, der mit alten windzerzausten Buchen bewachsen ist und spektakuläre Sonnenuntergänge hinter dem Belchen bietet. Hier kreuzen sich auch zahlreiche Wander- und Radwege und man kann spannende Ziele in allen Himmelsrichtungen anpeilen.

Nach der Rückkehr vom Feldberg empfiehlt sich eine stärkende Vesper im Gasthausgarten, denn neue Wirtsleute haben mit frischen Ideen dem Knöpflesbrunnen eine ungemein angenehme Wohlfühlatmosphäre bar jeglichen Touristikkitsches verliehen. Wir empfehlen, die Tour mit dem Trekking- oder Mountain-E-Bike zu fahren, denn bei insgesamt drei kräftigeren Anstiegen wird die Unterstützung durch den Fahrrad-Akku dankend angenommen. Die bewährt gute Beschilderung der Strecke durch den Schwarzwaldverein hilft jederzeit beim Zurechtfinden, denn alle Zwischenziele sind an Weggabelungen oder Kreuzungen klar und deutlich gekennzeichnet. Der Schwierigkeitsgrad für geübte Radler liegt bei mittel.

Wegverlauf Vom Wanderparkplatz Knöpflesbrunnen aus passieren wir das links liegende, gleichnamige Gasthaus auf einem gut befahrbaren Forstweg und erreichen zügig einen lichten Mischwald, durch den wir zunächst leicht bergab rollen. Wo der

Längste Baumliege der Welt

Nahe dem höchsten Punkt von Todtnauberg (1388 Meter) auf dem Stübenwasen unter dem goldenen Kreuz finden alle Wanderer und Radfahrer Platz zum Ausruhen und Staunen. Stolze 44 Meter misst die längste Bank der Welt. Ein beeindruckender Douglasien-Stamm, mit aufgebrachten Sitz- und Liegemöglichkeiten, zwischendrin urige Vesperbretter. Bei guter Wetterlage reicht die Alpensicht vom Mont Blanc bis zum Säntis. Die Idee zur Baumliege hatte der Verein »L(i)ebenswertes Todtnauberg«, der gemeinsam mit dem Forst und der Stadt und mit Unterstützung durch den Naturpark Südschwarzwald für die Umsetzung gesorgt hat.

Wald aufgeht, bietet sich ein schöner Blick über das Todtnauer Tal hinüber zum Hasenhorn.
Nach 2,5 Kilometern erreichen wir eine Wegkreuzung, die wir geradeaus in Richtung Notschrei überqueren. In leichtem Auf und Ab folgen wir dem Waldweg, überwinden auch eine kleine, mit dicken Baumwurzeln durchzogene Steigung und biegen am Abzweig Langenbachweg rechts gen Notschrei ab.

Passhöhe Notschrei und Stübenwasen Bergab befahren wir den erdgebundenen Notschreiweg, rollen auf ihm durchs Naturschutzgebiet Langenbachtal, bis wir nach gut sechs Kilometern die Passhöhe Notschrei erreichen. Beim dortigen Waldhotel queren wir die L126 (Kirchzarten–Todtnau), passieren das Nordic-Center leicht bergauf in Richtung Nordic-Arena, wo das ganze Jahr über deutsche Spitzen-Biathleten trainieren.
Hier beginnt unser Aufstieg zum Stübenwasen, der den Rücken zwischen Schauinsland und Feldberg bildet. Die erste Etappe führt auf einem Forstweg stetig, aber nicht zu steil, bergauf, bis zum Berggasthof Stübenwasen. Ab dort beginnt ein erster kräftiger Anstieg auf den Gipfel, um dort bei der mächtigen Baumliege Atem zu holen.

Hinauf auf den Feldberg Vom Bergrücken aus geht es nun durch Tannen- und Fichtenwald hinab zur gut ausgeschilderten Todtnauer Hütte und von dort ohne große Anstrengung hinauf auf den Feldberg. Je nach Wetter, Kondition, sowie Lust und Laune bieten sich dort oben Stopps am Bismarckdenkmal auf dem Seebuck, dem Feldbergturm und/oder dem Sender Feldberg an.
Zurück an der Todtnauer Hütte nehmen wir für ein kurzes Stück den Todtnauer Hüttenweg bergab, um an einem T-Stück rechts in den Beerenbühlweg abzubiegen. Ein folgender, saftiger Anstieg fordert ordentlich die Beinmuskulatur, bevor es wieder bergab in Richtung Todtnauberg geht.

Die letzten Meter hinauf zum Feldbergrücken sind gut befahrbar und nur noch moderat ansteigend.

Über Todtnauberg zurück zum Knöpflesbrunnen An der Berger Höhe nehmen wir den Abzweig rechts, Richtung Wanderparkplatz Radschert. In einem großzügigen Bogen queren wir den Hang, der im Winter bei Skiabfahrern beliebt ist, und erreichen nahe der Jugendherberge Todtnauberg den Radschert. Auf abwechslungsreichen Waldwegen folgen wir von dort der Beschilderung nach Muggenbrunn und sind dabei gut 15 Minuten nur abwärts unterwegs. Haben wir den kleinen Ort erreicht, queren wir innerorts zum zweiten Mal die L126 und biegen rechts in die Franzosenbergstraße ein, um gleich danach links in die Hohfelsstraße zu ziehen.

Nach den letzten Häusern stoßen wir auf die Beschilderung »Knöpflesbrunnen« und Forstmischung löst den Asphalt ab. Ein zäher, letzter Anstieg lässt den Fahrradmotor surren, an der Kreuzung nahe der Lailehöhe nehmen wir den Abzweig links und radeln entspannt gut zwei Kilometer zum Ausgangspunkt Knöpflesbrunnen zurück.

Feldbergturm mit Schinkenmuseum

Der Feldbergturm auf dem Seebuck (1449 m und der »Vorberg« des Feldbergs) ist seit Sommer 2003 für Besucher zugänglich und wurde nach umfangreichen Umbaumaßnahmen im Juli 2018 wiedereröffnet. Der Eingang sowie die 11. Etage mit der Aussichtsplattform sind nun barrierefrei zu erreichen und wurden mit neuen Panoramafenstern, Türen sowie einem neuen Bodenbelag ausgestattet. Auf dem höchsten Gipfel des Schwarzwalds mit weitem Blick in die europäischen Nachbarländer ist einer weltweit bedeutenden regionalen kulinarischen Spezialität und damit einer ganzen Region ein eigenes Museum gewidmet: das Schwarzwälder Schinkenmuseum. Es befindet sich im Feldbergturm und ist von Mai bis Oktober geöffnet.

22 Zum blauen Gipfel stromern

Markgräfler Herausforderung

Mittel/Schwer | 33 km | 1200 Hm | 3 Std.

Tourencharakter
Wir fahren größtenteils auf Waldwegen, teilweise geschottert, teils auf schmalen Trails, innerorts auf Asphalt.

Ausgangs-/Endpunkt
Badenweiler, Kurhaus am Schlossplatz

Anfahrt
ÖPNV: Badenweiler ist auf direktem Weg per Bahn nicht zu erreichen. Der nächstgelegene Bahnhof ist Müllheim an der viel befahrenen Bahnstrecke Freiburg–Basel. Von dort aus fährt ein Regionalbus nach Badenweiler. Fahrradmitnahme im Bus bitte vorher klären: www.rvf.de
Pkw: A5 Karlsruhe–Basel bis Ausfahrt Müllheim/Neuenburg, über Müllheim weiter nach Badenweiler. Parken am besten im Parkhaus Schlossplatz, die Einfahrt befindet sich in der Friedrichstraße/Ecke Hebelweg.

Einkehr
Berghaus Hochblauen, Hochblauen 1, 79418 Schliengen, Tel. 07632/2189920, www.berghaus-hochblauen.de
Markgräfler Winzerstuben, Luisenstraße 6, 79410 Badenweiler, Tel. 07632/254, www.winzerstuben.com

Karten und Infos
Lokale Fahrrad-Karten wie z. B. Rad- und Wanderkarte Markgräflerland bei der Badenweiler Thermen und Touristik GmbH, Kaiserstraße 5, 79410 Badenweiler

Hoch hinauf ins Blaue – besser gesagt auf den Blauen – führt eine anspruchsvolle Tour, die viele wunderbare Ausblicke über das Markgräflerland bereithält. Die Trails vom Gipfel zurück nach Badenweiler verlangen in Teilen fahrerisches Können und Umsicht.

Über die Tour Ganz klar, wer vom Schwarzwald träumt oder über den Schwarzwald spricht, der denkt zuerst vor allem an Berge. Das spannendste Mittelgebirge Deutschlands verfügt immerhin über eine ganze Menge davon.
Der Feldberg, mit knapp 1500 Metern ist der höchste und wohl auch bekannteste, aber auch das Herzogenhorn bei Menzen-

Das Barockschloss Bürgeln

schwand mit über 1415 Metern, der ehemalige keltische Sonnenberg Belchen (1414 m), der Freiburger Hausberg Schauinsland (1284 m) oder der Kandel, der mit 1241 Metern hoch über Waldkirch aufragt, ist den meisten Wanderern und Radwanderern wohl ein Begriff.

Der Blauen von der Rheinebene aus gesehen

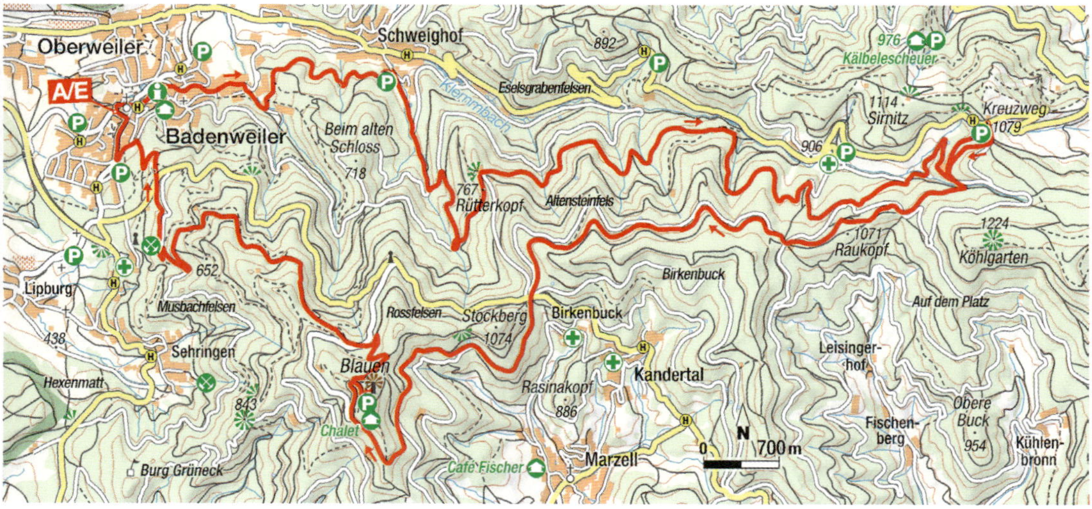

Schloss Bürgeln

Für die ohnehin sehenswerte Kulturlandschaft im Dreiländereck stellt das Schloss Bürgeln (1762 erbaut), auch als »Perle des Markgräflerlands« bezeichnet, ein außergewöhnliches Schmuckstück dar. Die Lage inmitten blühender Kirschbäume und mit Blick über nahezu endlose Weinberge macht dieses Kleinod zum Wahrzeichen einer ganzen Landschaft. Beeindruckend sind der Giebel, geschmückt mit einer in reichlich Stuckwerk eingebetteten Uhr, und das mit einem sprungbereiten Hirsch bekrönte Glockentürmchen (www.schlossbuergeln.de).

Weniger bekannt, wenngleich nicht minder spektakulär, ist der Blauen (auch Hochblauen), der 1165 Meter hoch südöstlich der Kur- und Bäder-Stadt Badenweiler liegt. Dieser Aussichtsberg am Westrand des südlichen Schwarzwalds ist erstes Etappenziel der hier vorgeschlagenen E-Bike-Tour. Der Blauen firmiert auch als Hausberg des Markgräflerlands und offeriert – das entsprechende Wetter vorausgesetzt – einen 360-Grad-Blick zum Belchen, dem Feldberg, über die Rheinebene, das Elsass, die Vogesen, das nicht allzu weit entfernte Basel, den Schweizer Jura, die Berner Alpen und die Hotzenwaldrücken.

Rechte Seite: Von Badenweiler aus geht es auf den Blauen – erst auf breiten, dann immer schmaler werdenden Wegen – unablässig bergauf.

Beim Blauen-Aufstieg von Badenweiler aus zahlt sich die Anschaffung eines E-Bikes mit entsprechend leistungsfähigem Motor so richtig aus. Kurzentschlossene können z. B. in der »CTS Velo Station Blackforest«, direkt am Kurhaus Badenweiler, das geeignete E-Bike mieten.
Einmal tief Luft geholt, dann im breitesten Badisch motiviert: »De Schwarzwald isch hald mol nit ebe, do defür aber schee, und mid dene Ihh-Beigs goht des scho«, und schon kann's losgehen, hinauf ins Blaue …

Wegverlauf Wir starten in Badenweiler am Schlossplatz beim Kurhaus, radeln auf der Kaiserstraße auf die Therme zu und biegen vorher rechts in die Luisenstraße, wechseln an der Kreuzung Zöllinplatz in die Badstraße und folgen bis zum Abzweig beim Hotel Tannenhof rechts Richtung Bergmannsruh, um kurz vor dem Teich links auf dem Großackerweg in den Wald zu ziehen.
Vorbei am Hubertusbrünnele geht es kurvig durch den Wald Richtung Schweighof, kurz vor dem Ort stoßen wir auf den Altensteinweg, dem wir rechts entlang des Altensteinbachs in Richtung Kreuzweg bergauf folgen. Wir verbleiben auf dem Altensteinweg, nehmen die scharfe Kehre bei der Zunzinger Rank und erreichen den Rüttekopf (767 m).

Hinauf zum Blauen Hier biegen wir rechts in den Rollmattweg ein und folgen diesem stetig ansteigend über den Sirnitzer Graben und den Lagenbuck, wechseln auf den Fischenbergerweg und halten uns an die Beschilderung Kreuzweg (auch Sirnitzpass). Wir biegen rechts in den Parkplatz ein, durchqueren ihn und folgen rechts dem Loipenweg, später Höhenweg in Richtung Spähnplatz.
Der Weg führt uns vorbei am Raukopf und der Stühlehütte und zieht als Stühle-Egertenweg weiter moderat bergauf und bringt uns zum Pass und Wanderparkplatz Egerten, wo

Burgruine Badenweiler

Oberhalb des Kurparks ragen die Ruinen der Burg Badenweiler auf. Gekrönt wird der Burgberg von den Überresten der alten Höhenburg. Ihre Ursprünge liegen im Jahr 1122, damals residierten hier die Zähringer Herzöge. Heinrich der Löwe, Kaiser Friedrich I., die Habsburger und Herzogin Katharina von Burgund besaßen sie später, ehe die Truppen Louis XIV. die Festung 1678 zerstörten. Wer die Ruinen erkundet, kann dabei über die wechselvolle Geschichte des südlichen Oberrheins, die Machtpolitik und Kriege der Herrscher nachdenken. Doch oben, nach dem Wendeltreppenaufstieg durch den Turm, kommen ganz andere Gedanken auf: Wunderbar breitet sich die Landschaft mit Weinbergen und Wäldern ringsum aus, in der Ferne verschwimmen Müllheim und Neuenburg mit der elsässischen Rheinebene vor den Vogesen – ein friedliches Bild.

wir die L140 überqueren und uns geradeaus an die Beschilderung zum Blauen halten. Wir folgen dem Hexenplatzweg, wechseln schon in Sichtweite des Blauenhauses bei der Gabelung auf den rechten Pfad, der uns im Rechtsbogen zur Blauenstraße führt.

Wir stromern rechts bergauf, am Parkplatz vorbei, bis wir nach kurzem Anstieg das Plateau mit dem Blauenhaus erreichen. Das Panorama hier oben ist faszinierend und umfasst den ganzen Südschwarzwald, den Hochrhein, das Baselbiet, die Vogesen und bei klarer Sicht auch gleich noch den Alpenhauptkamm – hier ist ein ausgiebiger Stopp Pflicht! Der Sender Blauen versorgt von hier das gesamte Umland mit Radio- und Fernsehprogrammen, ein vom Schwarzwaldverein errichteter Aussichtsturm eröffnet dem Besucher noch einmal besondere Perspektiven.

Zum Aussichtspunkt Alter Mann Nachdem wir uns sattgesehen haben, treten wir die Rückfahrt bergab nach Badenweiler an. Wir rollen ein kurzes Stück die Straße hinunter bis zum Parkplatz, um dort rechts der gelben Raute folgend in den Wald zu ziehen, Richtung Fischerbrunnsattel, biegen dort zunächst links und gleich darauf wieder rechts ab, bis uns der Weg nach einer er-

Römische Badruine Aquae Villae

Vor knapp 2000 Jahren hatten die römischen Eroberer erkannt, wie wohltuend die Lage des Orts und die Heilkraft des warmen Wassers auf Körper, Geist und Seele wirken. *Aquae Villae* (Ort des Wassers) nannten sie die Siedlung in ihrer Provinz Germania Superior, die sie der Waldgöttin Diana Abnoba weihten. Die Anlage war in einen Heiß-, Warm- und Kaltbadebereich aufgeteilt. Doch germanische Stämme aus dem Norden zwangen Mitte des 3. Jahrhunderts die römischen Soldaten, Kaufleute, Handwerker und ihre Familien zum Rückzug, das technisch meisterhafte Schmuckstück zwischen Wald und Reben verfiel im Lauf der Zeit. Dank des baden-württembergischen Denkmalschutzes überdeckt seit 2001 ein transparenter Schutzschild dieses einzigartige Monument aus dem Altertum.

Am Fuße des Aussichtsturms kreuzen sich zahlreiche Wanderrouten und Radwege.

neuten scharfen Linkskurve erst über die Hochblauenstraße und danach auf dem Hoheneichweg talwärts führt.
Wir wechseln auf den Schrennengrabenkopfweg, der uns an der Hütte am Hochblauen vorbei in Richtung des Aussichtspunkts Alter Mann führt, den wir nach zwei scharfen Kehren, einmal rechts, einmal links, erreichen. Weiter geht es halb rechts über die Landstraße in den Oberen Pfarrwald bis zur Schutzhütte Sophienruhe.

Der Blauengipfel mit dem Blauenhaus, dem Sender sowie dem Aussichtsturm

Zurück nach Badenweiler Von hier aus nehmen wir den ersten Abzweig links, um kurz darauf scharf rechts in den Sehringer Weg einzubiegen. Dem folgen wir ein kurzes Stück bis zur Wegkreuzung Im Pfarrwald, wenden uns da nach links und erreichen schnell die Moltkestraße am Rand von Badenweiler. Der folgen wir bis zum naheliegenden René-Schickele-Brunnen und biegen dort scharf rechts in die Blauenstraße ein. Diese führt uns entlang des Schlossparks wieder zurück zum Kurhaus.

23 Rund um den Hochfirst mit Wasserspaß

Vom Titisee hinauf zum Bärental

Leicht/Mittel | 45 km | 370 Hm | 2.45 Std.

Tourencharakter
Wir fahren größtenteils auf Waldwegen, teilweise geschottert, innerorts auf Asphalt, durchgehend beschildert.

Ausgangs-/Endpunkt
Titisee, großer Parkplatz Strandbadstraße 15, gegenüber von Strandbad und Kurpark, gebührenpflichtig

Anfahrt
ÖPNV: Von Freiburg mit der Höllentalbahn Richtung Donaueschingen, Ausstieg Bahnhof Titisee.
Pkw: Von Freiburg auf der B 31 in Richtung Titisee-Neustadt, Ausfahrt Titisee. Von Donaueschingen auf der B 31 in Richtung Freiburg, Ausfahrt Titisee. Von Lörrach auf der B 317 in Richtung Donaueschingen bis Ausfahrt B 31 in Richtung Freiburg, Ausfahrt Titisee.

Einkehr
Gasthaus Blume, Erlenbachweg 32, 79853 Lenzkirch, Tel. 07653/6444, www.blume-kappel.de

Karten und Infos
Kompass-Fahrradkarte 3332 Südschwarzwald 1:70 000, Lokale Fahrrad-Karten bei der Tourist-Information, Strandbadstraße 4, 79822 Titisee

Insbesondere bei strahlendem Sommerwetter bietet diese Tour unter dem Motto »Eintauchen und Abtauchen« ganz besondere Freude: Eintauchen in die grüne Lunge des Schwarzwalds und Abtauchen im Freibad Kappel und/oder dem Titisee.

Über die Tour Der Hochfirst (nomen est omen) zählt mit seinen fast 1200 Metern Höhe zu den höchsten Gipfeln des Schwarzwalds. Er liegt in etwa mittig zwischen dem Titisee und der Ortschaft Titisee-Neustadt und ist ein anspruchsvolles, aber schönes Wanderziel. An seinem Nordhang findet sich mit der Hochfirstschanze die größte Naturschanze Deutschlands, auf der im Winter regelmäßig FIS-Weltcup-Springen stattfinden. Unsere Tour führt allerdings nicht auf den Hochfirst hinauf, sondern elliptisch um den Hochfirst herum.

Aussicht auf Lenzkirch-Saig, im Hintergrund die Bergkette mit dem Feldbergmassiv

Dabei bietet sich etwa zur Hälfte der Tour bei passendem Wetter ein Badestopp im Freibad Kappel an, das oberhalb von Kappel wunderschön an einem sanften Hang liegt mit toller Aussicht auf bewaldete Schwarzwaldrücken. Der Ursprung des Kappler Freibads geht zurück bis in die 1930er-Jahre. Neben dem großen 50-Meter-Becken, das mit klarstem Schwarzwaldquellwasser befüllt wird, gefallen besonders die denkmalgeschützten Umkleidekabinen und das pittoreske Kioskgebäude, welche charmant die Atmosphäre der Entstehungszeit widerspiegeln. Aus der Zeit gefallen, und genau deswegen wieder zeitgemäß. Ohne Zweifel ist das eine der am schönsten gelegenen Bademöglichkeiten im gesamten Schwarzwald.

Nach einer kleinen Pause geht's wieder frisch aufs Rad.

Ideales Terrain zum Waldbaden – der Hang auf der Saiger Höhe

Alle Anstiege der Tour sind moderat und überfordern keinesfalls. Spannend ist gegen Ende der Tour die Abfahrt vom Bahnhof Feldberg-Bärental (mit 967 Metern Deutschlands höchstgelegenem Bahnhof an einer normalspurigen Strecke) hinunter zum Titisee. Hier ist auf dem Trail Konzentration gefordert, da durch Regenauswaschungen Rinnen entstehen und holperige, steinige Abschnitte auftauchen können.

Am Ende der Tour, wieder am Ausgangspunkt angekommen, lädt das kleine, aber feine Strandbad Titisee auch noch einmal zur Abkühlung ein. Hierbei kann man seine müden Muskeln direkt im Titisee entspannen. Das Teilstück vom Bahnhof Titisee-Neustadt nach Lenzkirch verläuft auf dem Bähnle-Radweg.

Lenzkirch Ortsmitte

Der Kirchplatz in der Ortsmitte Lenzkirchs bietet ein anregendes Ensemble aus dem mit Türmchen verzierten und mit üppigem Blumenschmuck versehenen Rathaus nebst modernem Brunnen, der stattlichen Pfarrkirche St. Nikolaus und einer weithin bekannten Bäckerei mit Café und Freisitz. Hier kommen Kultur und Kulinarik zusammen. Der heilklimatische Kurort ist Ausgangspunkt für verschiedene Wanderungen unterschiedlicher Schwierigkeitsgrade und einer der Ausgangspunkte für eine Tour durch die Haslachschlucht, wo sich Haslach und Gutach zur Wutach vereinen.

Wegverlauf Vom Parkplatz aus wenden wir uns auf der Strandbadstraße nach links und erreichen nach kurzer Zeit die Ortsmitte von Titisee, wo wir rechts in die Fußgängerzone Seestraße, die direkt zum Seeufer führt, abbiegen. 200 Meter weiter biegen wir links in die Seebachstraße ein, der wir

zunächst folgen. Wir unterqueren die Eisenbahn, halten uns danach rechts, unterqueren die Bundesstraße und nehmen bei der nächsten Verzweigung den mittleren Waldweg, der leicht den Hang Richtung Wald hinaufzieht.

Kühne Brückenkonstruktion! Über den Gutachviadukt verläuft die B 31, die von Breisach über Freiburg nach Donaueschingen und weiter nach Lindau führt.

Der Weg führt uns zwischen Waldrand und Bundesstraße gelegen im großen Rechtsbogen Richtung Titisee-Neustadt. Wir unterqueren die Bundesstraße und stoßen auf den Weg »Im Bildstöckle«, dem wir rechts bis zum Kreisel Titisee-Neustadt folgen. Diesen überqueren wir und folgen der Schwarzenbachstraße, die parallel zur Bahnlinie verläuft, bis zum Bahnhof Titisee-Neustadt.

Auf dem Bähnle-Radweg Direkt am Bahnhof Neustadt stoßen wir auf die markante Beschilderung zum Bähnle-Radweg, der wir nach rechts aus dem Ort führend folgen. Die Straße unterquert die Bahnstrecke, zieht kurz und knackig bergauf, wo uns nach 250 Metern das Radwegzeichen mit leichtem Links-Rechts-Knick aus der Bebauung auf einen Feldweg verweist, der unter dem hoch

Freibad Kappel

Eine ungemein saubere, gepflegte und nicht überlaufene Anlage in Traumlage. Alter, Schatten spendender Baumbestand auf der Liegewiese. Für Freunde von sportlichen Aktivitäten außerhalb des Beckens finden sich ein Beachvolleyballfeld, eine Spielwiese, Tischfußball- und Tischtennis-Möglichkeiten auf dem Freibadgelände. Boule-Kugeln, Bälle und mehr können beim Bademeister ausgeliehen werden. Von der terrassierten Wiese bietet sich ein herrlicher Panoramablick auf die Region. Der Förderverein freut sich über jede kleine Spende (www.freibad-kappel.de).

aufragenden Gutachviadukt leicht ansteigt, bevor es zackig bergab geht.
Bis Lenzkirch folgen wir nun dem Bähnle-Radweg, exakt so, wie im Tourbericht dazu in diesem Führer beschrieben. In Lenzkirch selbst, das wir schließlich über die Ludwig-Kegel-Straße erreichen, stoßen wir auf die Schwarzwaldstraße, in die wir rechts einbiegen, um sie nach wenigen Metern links in die Schulstraße zu verlassen, von der wir wiederum nach einem kurzen Stück rechter Hand in den Weg Am Sommerberg abbiegen.

Bahnhof Feldberg-Bärental

Der Bahnhof Feldberg-Bärental liegt an der Eisenbahnstrecke der Dreiseenbahn von Titisee nach Seebrugg (Schluchsee). Der 967 Meter hoch gelegene Bahnhof stammt aus dem Jahr 1926 und ist der höchstgelegene Bahnhof der Deutschen Bahn AG, zumindest an normalspuriger Strecke. Die einspurige Trasse verfügt hier über ein Ausweichgleis. Bis zur Wiedervereinigung im Jahr 1990 war er der höchstgelegene Bahnhof der Bundesrepublik Deutschland. Diese Auszeichnung steht nun aber dem Bahnhof Brocken in Sachsen-Anhalt (1130 Meter), dem Endpunkt der Brockenbahn, zu. Dampfsonderfahrten des Vereins IG 3-Seenbahn halten gelegentlich ebenfalls am Bahnhof Feldberg-Bärental.

Über Kappeln zur Saiger Höhe

Ab jetzt geht es leicht, aber stetig Richtung Kappel bergauf. Der Radweg quert zweimal die Schwarzwaldstraße und führt dann auf der Durchgangsstraße nach Kappel hinein. In der Ortsmitte biegen wir beim ehemaligen Kurhaus (der heutigen Ortsverwaltung) links in den Erlenbachweg und folgen diesem bergauf. Wir passieren das Gasthaus Blume, richten uns nach der Beschilderung zum Freibad, das wir am Ende des Erlenbachwegs erreichen. Vor dem Bad nehmen wir den Knick nach links und biegen dann parallel zum Hang rechts in den Weg Richtung Vitenhof und Saig ein. Eine abwechslungsreiche Fahrt durch Wiesen, Wald und entlang des Waldrands führt uns zum Hierakreuz und schließlich auf den Vitenhofweg und über diesen nach Saig hinein. Wir biegen rechts in die Titiseestraße ein, die uns bergauf bis zur Saiger Höhe führt.

Nostalgischer Haltepunkt der Dreiseenbahn – der Bahnhof Bärental

Nur ganz früh am Morgen, bevor die ersten Touristen einfallen, sieht man den Titisee so ruhig daliegen.

Durch den Wald und am Hang entlang Rechter Hand führt von hier ein Wanderweg hinauf zum Hochfirst, wir nehmen den Weg links, passieren das Hotel Saigerhöh und verschwinden auf einem Waldweg, der uns bis zum Wanderparkplatz an der B 315 führt. Wir überqueren die Bundesstraße, um gleich danach auf einem rustikalen Teilstück steil in den Wald zu fahren. Schnell wird der Waldweg komfortabler und wir folgen ihm bis hinein nach Mittel-Falkau.

Auf Asphalt folgen wir dem Apostelweg und der Schuppenhörnlestraße bergab, bis wir rechts in den Höhenrundweg abbiegen, den wir nach einem kurzen Stück links auf den Waldweg verlassen. Dieser führt uns am Hang entlang Richtung Stephansbühlweg und Grillhütte Bärenzunft, bis wir kurz darauf den großen Parkplatz eines Discounters an der Einmündung der B 500 in die B 317 erreichen.

Zurück zum Titisee Diese stark befahrene Straßenverbindung vom Titisee zum Feldberg müssen wir überqueren und stoßen auf der anderen Straßenseite auf den Bahnhof Bärental. Ab hier geht es stetig bergab. Wir folgen dem Trail rasant hinunter zum Campingplatz Bankenhof und dem Terrassencamping Sandbank und biegen von dort in den Seerundweg Titisee ein.

Der führt uns direkt am naturbelassenen Seeufer entlang weitestgehend eben wieder zurück in den Ort Titisee und zu unserem Parkplatz gegenüber von Kurbad und Kurpark.

24 Hotzenwald-Entdeckertour

Durch den unbekannten Schwarzwald

Mittel | 53 km | 760 Hm | 3 Std.

Tourencharakter
Kurze Strecken innerorts asphaltiert, kurze Strecken Landstraße. Gut befahrbare Forstwege, kurze Strecken rustikale Pfade.

Ausgangs-/Endpunkt
Herrischried, Le-Castellet-Platz. Parkplätze dort gebührenfrei.

Anfahrt
ÖPNV: Nächstgelegener Bahnhof in Bad Säckingen, von dort verkehren Busse. Wegen nicht gewährleisteter Fahrradmitnahme im Bus nicht empfohlen. Pkw: Auf der A81 aus Richtung Stuttgart oder Singen, Ausfahrt Geisingen, Blumberg, Waldshut – weiter Richtung Herrischried. Anfahrt auf der A5 aus Richtung Frankfurt/Karlsruhe, Ausfahrt Freiburg Mitte, Kirchzarten, Oberried, Todtnau, Todtmoos, Herrischried.

Einkehr
Jägerstüble Hornberg, Hornberg 27, 79737 Herrischried, Tel. 0171/5374970, www.hornberg27.de

Karten und Infos
Hotzenwald Tourismus GmbH, Hauptstraße 28, 79737 Herrischried, Tel. 07764/920040, www.hotzenwald-schwarzwald.de

In bislang vom Bike-Tourismus kaum erschlossenes Gebiet führt uns diese Tour quer durch den geheimnisvollen Hotzenwald. Das ehemalige Trainingsgebiet der Mountainbike-Weltmeisterin und Olympiasiegerin Sabine Spitz ist für das E-Bike geradezu prädestiniert.

Über die Tour Der heutige Hotzenwald geht zurück auf die Grafschaft Hauenstein, die acht sogenannte Einungen vom Rhein hinauf in den Schwarzwald sowie die Waldstädte Rheinfelden, Säckingen, Laufenburg und Waldshut umfasste. Bis 1806 war das Gebiet ein Teil Vorderösterreichs und gehörte zum Hoheitsgebiet der Habsburger.
Geografisch betrachtet ist der Hotzenwald heute der südlichste Teil des Südschwarzwalds. Die Flüsse und Flusstäler, die das Gebiet begrenzen, sind der Hochrhein im Süden, die Wehra im

Trail zum Geisberg über Ibach

Westen, der Oberlauf der Alb im Norden sowie die Schlücht im Osten. Die Region »auf dem Wald« oberhalb des Rheins präsentiert sich außerhalb der Waldbereiche als sanfte Hügellandschaft, die weite Blicke bis hin zu den Alpenketten des Schweizer Jura am Horizont ermöglicht. Ein (noch) verstecktes Paradies für Wanderer und Radwanderer, die gerne abseits vom Massentourismus eins mit der Natur werden möchten. Die Radtouroptionen im Hotzenwald sind in ihrer Länge, ihrem Anspruch und in ihren Höhenmetern unterschiedlich und bieten für jeden Radler ein geeignetes Niveau. Wir haben hier für ambitionierte E-Biker, die gerne sportlich unterwegs sind, ohne dass Verbissenheit dominiert, eine abwechslungsreiche Route ausgewählt, die in der Hotzenwald-Gemeinde Herrischried startet und endet. Schließlich wusste bereits der badische Nationaldichter Johann Peter Hebel im 18. Jahrhundert: »Mine Auge gfallt – Herrischried im Wald«.

Wegpunkt Steinernes Kreuz bei Wehrhalden. Majestätisch grüßen die Berner Oberalpen am Horizont.

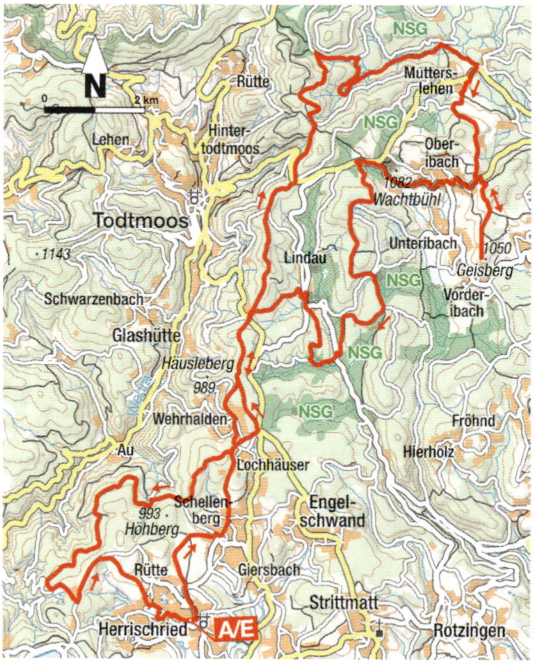

Wegverlauf Wir verlassen Herrischried über die Hauptstraße in Richtung Ortsteil Großherrischwand und biegen nach ca. 400 Metern links von der Straße in einen geteerten Fuß- und Radweg ein. Dieser führt in einem

Eine Tafel am Ibacher Panoramablick erklärt die Gipfel der Schweizer Alpen, die bei guter Fernsicht zu erkennen sind.

großzügigen Bogen Richtung Waldrand, wo wir an der Kreuzung den rechten Weg wählen, der kurz bergan steigt, um dann in zwei lang gezogenen Kurven hinunter zum Freilichtmuseum Klausenhof zu führen. Dort wählen wir das Sträßlein linker Hand zum Ortsteil Schellenberg, radeln bei der St.-Wendelin-Kapelle geradeaus und folgen der Schellenbergstraße bergan bis zum Wanderparkplatz Steinernes Kreuz.

Über die Freiwaldkapelle zum Ahornloch Direkt vor der L151 biegen wir links in den Wehrhalder Grenzweg ein, der uns durch den Wald bis zum Rast- und Parkplatz bei der Freiwaldkapelle und wieder zur L151 führt. Diese überqueren wir und nehmen links den Kapellenweg. Gleich nach 250 Metern beginnt ein knackiger Aufstieg, bei dem wir für kräftige Akku-Unterstützung äußerst dankbar sind. Wir folgen dem Forstweg durch den Freiwald, der noch einen weiteren Anstieg parat hat, immer geradeaus, bis wir beim Parkplatz Ibacher Kreuz die Straße L150 queren und weiter auf der Forstmischung geradeaus leicht bergan stromern. Wir passieren den Wegweiser zur Wehra-Quelle, die links von uns in einer Schlucht liegt, und erreichen nach einem weiteren Kilometer auf der Anhöhe eine mehrfache Weggabelung, an der wir uns links auf dem Quellenweg halten.

Die Aufmerksamkeit gilt jetzt einem abzweigenden Pfad rechts mit dem Hinweisschild Bernau. Dem folgen wir bergab, um schließlich auf einem Holzrückweg nach links gezogen wieder bergan zu radeln, bis uns auf einem kleinen Plateau beim Ahornloch der Blick ins Bernauer Tal innehalten lässt.

Im steten Auf und Ab Hier wenden wir und lassen unser E-Bike auf dem Orenweg Richtung Orenhütte bergab rollen, wo wir in einer ganz scharfen Rechtskurve in den Langhaldenweg einbiegen. Diesem folgen wir mit Tempo in einem lang gezogenen Linksschwung, bis wir auf die Langhaldenhütte treffen.

Abgelegen und einzigartig: das Ibacher Hochtal vom Geisberg aus betrachtet

Weiter biken wir rechts auf dem Vorderen Langhaldenweg, der kurz darauf auf einen Wanderparkplatz an der L150 trifft, wo wir rechts kurz auf die Straße einbiegen, allerdings nach 300 Metern am Ortseingang des Weilers Mutterslehen links in den Ort abbiegen und nach dem ersten Hof wiederum links den Ökonomieweg nehmen. Vorbei an einer kleinen Kapelle geht es nun auf dem schmalen Teersträßlein streng bergauf, wobei wieder die Akku-Zuschaltung dem Radler Freude macht, geht der Anstieg doch leichter von der Hand.

Panoramablick Ibach – Ibacher Friedenskreuz

Die weite offene Landschaft rund um das idyllisch gelegene Ibach ist ein Geheimtipp im Schwarzwald. Der Ort liegt als Streudorf mit vielen zum Teil sehr alten Schwarzwaldhöfen und ihren heruntergezogenen Walmdächern auf einem leicht hügeligen Plateau, das hufeisenförmig von Bergen begrenzt wird. Es handelt sich um das einzige Schwarzwälder Hochtal, das vom Norden her durch eine Bergkette aus Feldberg, Herzogenhorn und Rüttewaldkopf geschützt wird und sich nach Süden in Richtung Aargau und Schweizer Alpen öffnet. Sensationell ist der Blick vom Ibacher Friedenskreuz aus, bei dem Bänke und eine Himmelsliege zum Rasten und Verweilen einladen. Wenn es das Wetter zulässt, sind direkt voraus Eiger, Mönch und Jungfrau in den Berner Oberalpen gut zu erkennen. Beim Bestimmen der weiteren Gipfel hilft eine aufwendig gestaltete Panoramatafel.

Zum Ibacher Friedenskreuz Am Waldrand starten gleich drei Wander- und Radwege, wovon wir den mittleren, den Lehenbrünnleweg wählen. In abwechslungsreichem Auf und Ab passieren wir Wald und Hochweiden, oft mit weitem Blick in den Schwarzwald hinein, bis wir auf den Wanderparkplatz Ibacher Friedenskreuz stoßen. Hier ist ein kurzer Aufstieg zum Friedenskreuz Pflicht, denn der Panoramarundblick von hier über das Ibacher Hochtal bis weit in die Schweizer Alpen hinein ist einfach grandios.

Wahlweise lässt sich von hier ein Abstecher zum Aussichtspunkt Ibacher Geisberg unternehmen. Hierzu überqueren wir die Straße am Parkplatz Schorrmättle und biegen rechts ansteigend auf den Weg zum Waldrand ein. Wir verbleiben auf dem Panoramaweg, passieren die Engländerhütte und erreichen nach rustikaler Berg und Talfahrt den Aussichtsplatz Geisberg mit Kreuz und Sonnenliege. Nach einem erneuten Blick über das weitgespannte Hochtal kehren wir um und radeln den gleichen Weg zurück zum Schorrmättle.

Von Oberibach nach Wehrhalden Unsere Route führt uns nun auf der Straße hinunter nach Oberibach, am tiefsten Punkt, rechts auf der Straße Hofrain wieder bergan und aus dem Ort hinaus. Nach drei Kilometern stoßen wir wieder auf die L150, in die wir links einbiegen, nur um sie nach 200 Metern wiederum links in den Wanderparkplatz Kohlhüttenplatz zu verlassen.

Hier folgen wir dem rechten Kohlhüttenweg, der uns zunächst leicht bergauf führt und dann als Buchenschachenweg in flotter Fahrt bergab zum Parkplatz Fohrenmoos, wo wir auf die Verbindungsstraße Ibach–Herrischried treffen. Wir queren sie und nehmen den ersten Abzweig links, den

Freilichtmuseum Klausenhof

Das Hotzenhaus ist ein Eindachhaus, das heißt, das ganze Wohnhaus und das Ökonomiegebäude – die Stallungen und die Scheune – sind alle unter einem einzigen Dach vereint. Das traditionelle Walmdach ist hierbei mit Stroh eingedeckt. Der Klausenhof stammt aus dem Jahr 1424 und gehört damit zu den ältesten, heute noch erhaltenen Schwarzwaldhäusern. Sehr lange Zeit stand das gesamte Anwesen unbewohnt im Herrischrieder Ortsteil Großherrischwand und drohte zu verfallen. Erst als engagierte Ehrenamtler einen Förderverein gründeten, konnte das Gebäude gerettet, aufwendig saniert und als Freilichtmuseum hergerichtet werden. Zum gesamten Ensemble gehören heute ein Sägewerk, ein Backhaus, eine Dorfschmiede, ein Wagenhaus sowie ein Bauerngarten. Der Hof kann außen wie innen besichtigt werden und die Gemeinde Herrischried nutzt das Areal regelmäßig für kulturelle Veranstaltungen oder Kunsthandwerkermärkte (www.freilichtmuseum-klausenhof.de).

Marksteinweg, in den Wald. Bei der kommenden Wegkreuzung Marksteinplatz halten wir uns halb rechts auf den Wiesenweg, der uns flott bergab zu einer geteerten Kreisstraße bringt.

Das bestens erhaltene Hotzenwaldhaus und heutige Museum Klausenhof bei Herrischried

Wir wechseln auf die andere Seite, wo gleich der 7-Moore-Weg den Hang hinaufsteigt. Wir folgen bis zu einem T-Stück und nehmen dort rechts den Brunnmattenmoosweg, der uns bis zur Kreisstraße kurz vor Lindau bringt. Wir biegen in diese rechts ein, um sie nach ein paar Metern gleich links wieder auf den Eschhüttenweg zu verlassen, der uns bergan wieder zur Freiwaldkapelle lenkt. Wir überqueren dort die Straße und ziehen den Wehrhaldergrenzweg hoch, rollen nach der Kuppe hinab bis zum Kindskreuzle, wo wir uns halb rechts Richtung Wehrhalden in den Wald schlagen. Wir durchfahren den Ortsteil auf der Hauptstraße und nehmen nach dem Ortsende an der Straßenkreuzung Wehrhalder Kreuz den Weg rechts, um nach 150 Metern wieder rechts auf einem holperigsteinigen Waldweg steil auf den Schellenberg anzusteigen.

Zurück nach Herrischried Hier heißt es, besondere Rücksicht auf Wanderer zu nehmen, denn der Pfad ist schmal. Beim Einstieg in den Wald halten wir uns rechts und schlängeln uns durch den Wald bergab bis zur Kreuzung Kreuzbuche. Hier wählen wir den Lochmättleweg bergab, den wir beim ersten Abzweig linker Hand verlassen und auf dem Schwandbühlweg wieder leicht bergauf ziehen.

Dem folgen wir stetig bergauf, bis wir auf den gut befestigten Ödlandweg stoßen. In diesen biegen wir links ein, radeln bis zum Polenstein, von wo uns die geteerte Straße wieder hinunter nach Herrischried, durch den Ortsteil Ackern über die Liftstraße und die Schachenbühlstraße wieder zurück zum Ausgangspunkt am Le-Castellet-Platz führt.

25 Kleine Blasiwald-Runde

Vom Schluchsee durch das Muchenland

Leicht/Mittel | 30 km | 580 Hm | 2 Std.

Tourencharakter
Wir fahren überwiegend auf Waldwegen und Forstpfaden.

Ausgangs-/Endpunkt
Parkplatz an der Schluchsee-Staumauer

Anfahrt
ÖPNV: Mit der Höllentalbahn von Freiburg Hbf bis zur Endstation nach Seebrugg/Schluchsee.
Pkw: Von Freiburg auf der B 31 bis Hinterzarten, weiter auf der B 500 bis Schluchsee-Staumauer. Von Süden (Waldshut-Tiengen) auf der B 500 bis Schluchsee-Staumauer. Links und rechts der Bundesstraße sind dort ausreichend Parkplätze für Pkw und Wohnmobile vorhanden.

Einkehr
Windberghof Hofladen, Windberghof, 79837 St. Blasien, Tel. 07672/48 14 64, www.windberghof.de
Restaurant Seehotel Hubertus, Seebrugg 16, 79859 Schluchsee, Tel. 07656/524, www.seehotel-hubertus-schluchsee.de

Karten und Infos
Kompass-Fahrradkarte 3332 Südschwarzwald, KOMPASS Wanderkarte 887 Schwarzwald Süd

Im Herz des Südschwarzwalds findet sich direkt neben dem Schluchsee die Streusiedlung Blasiwald, auch bekannt als ausgewiesenes Rotwildgebiet. Hier lässt sich Schwarzwaldnatur jenseits ausgetretener Pfade noch ganz ursprünglich erleben.

Über die Tour Der Schluchsee, neben dem Titisee der bekannteste Schwarzwaldsee, entstand vor ca. 10 000 Jahren als rein natürlicher Gletschersee des Feldberggletschers, dessen Wasserspiegel einst 30 Meter unter dem des heutigen Stausees lag. Durch Anstauung der Schwarza wurde er vor knapp 100 Jahren zur höchstgelegenen Talsperre Deutschlands.

Der Stausee ist Bestandteil der sogenannten Werkgruppe Schluchsee, einer Abfolge von durch Pumpwerke verbundene

Stauseen auf unterschiedlicher Höhe, die zu den Schluchseewerken gehört. Die Werkgruppe zieht sich von Häusern bis nach Waldshut hinunter und der Schluchsee stellt dabei das Oberbecken des Pumpspeicherkraftwerks Häusern dar.

Wer den Schluchsee schon mehrere Male zum Wandern oder Radeln besucht hat, weiß, wie schnell sich die Wege direkt am See füllen. Insbesondere am Wochenende ist da kaum ein Durchkommen. Gleich nebenan allerdings, in der Region um Blasiwald, sieht die Sache ganz anders aus!

Den drolligen Namen Blasiwald trägt eine ausgedehnte Streusiedlung auf der Ostabdachung des Hochschwarzwalds, die sich im Schatten der Schluchsee-Staumauer zwischen den Flüssen Schwarza und Alb ausgebreitet hat. Abgeleitet wird der Name von einer Glasbläserei, die sich vor langer Zeit auf dem Gebiet der heutigen kleinen Weiler Muchenland, Althütte, Eisenbreche, Loch, Sommerseite und Winterseite befand. Prägend für die Landschaft um Blasiwald ist der Wechsel zwischen steilen Berghängen und ausladenden Hochweiden, zwischen denen sich immer wieder einsam gelegene Höfe verstecken.

Die ersten Siedler in der Gegend um das Muchenland waren Ende des 16. Jahrhunderts Glasbläser, die in dem waldreichen, entlegenen Hochtal eine Glashütte errichteten. Rückwirkend betrachtet entspricht das der seinerzeit typischen Art der Besiedlung des Schwarzwalds, denn der immense Holzbedarf der vielen Glashütten zwang die Handwerker geradezu, in immer abgelegenere Waldgebiete des Schwarzwalds vorzudringen.

Zur abgeschiedenen und wenig frequentierten Region um Blasiwald gehört auch ein 17500 Hektar großes ausgewiesenes Rotwildgebiet mitten im Naturpark Südschwarzwald. Mit viel Glück lässt sich in den frühen Morgenstunden oder wenn die Dämmerung einsetzt ein Hirsch mit seinem Rudel sehen.

Wegverlauf Wir überqueren als Erstes die Schluchsee-Staumauer, halten uns am Ende links und rollen über die Straße in den Ortsteil Blasiwald-Eisenbreche hinein und folgen der Straße

Linke Seite: Die mächtige Staumauer am südwestliche Ende begrenzt den Stausee. Die Schluchseewerke erzeugen von hier aus Ökostrom aus reiner Wasserkraft.

Hochweiden Blasiwald

Durch intensive Waldnutzung für die Glashütten entstanden im späten Mittelalter in Blasiwald große waldfreie Hochflächen, die seit Aufgabe der Glasbläserei als Wiesen oder Weiden genutzt werden. Das höher gelegene Blasiwald-Gebiet zeichnet sich durch großflächige, extensiv genutzte Weidfelder aus, in die Vermoorungen, Felsen, Lesesteinriegel sowie Wiesenbäche mit feuchten Hochstaudenfluren und Gehölze eingestreut sind.

Eisenbreche dann bis kurz vor die Einmündung in die B500. Hier ziehen wir rechts über den Lochwaldweg den Hang hinauf in den Wald.
Wir folgen dem Lochwaldweg in einer weiten Rechtskurve, ohne ihn zu verlassen, und steigen auf, bis wir an einem freistehenden Gehöft auf die Straße Althütte treffen. In diese biegen wir scharf links ein und radeln auf Blasiwald-Althütte zu.

Über die Wittemlehütte zur Windberghütte Direkt am Weilereingang nehmen wir in einer Spitzkehre den Weg scharf rechts den Hang hinauf und passieren durch mehrere Gatter abgegrenzte Hochweiden. Nach dem letzten Gatter führt uns der Pfaffenbrünnleweg leicht bergab durch den Wald, wir biegen links in den Wittemleweg ein und erreichen nach 200 Metern die Wittemlehütte.
Wir halten uns von hier aus rechts und gleich an der ersten Verzweigung links auf den Reisackerweg, der uns bergab an den Kreuzungspunkt Hüttenbodenweg führt. Von hier nehmen wir den Trail in Richtung Sandbodenhütte, die wir nach kurzem Auf und Ab über den welligen Pfad erreichen.
Hier stoßen wir auf den Sandbodenweg, dem wir bergab bis zum ersten Abzweig folgen. Wir nehmen rechts den Windbergweg, passieren den wunderschönen Windberghof mit seinem riesigen Weidegrund (bitte auf die Beschilderung achten, und aus Rücksicht auf die Herdenschutzhunde des Hofs langsam fahren) und stoppen am Ende des Wegs links bei der Windberghütte.

Im Auf und Ab zum Schwarzasee Wir halten uns rechts von der Hütte am Rande der Windbergschlucht auf dem Kohlerbückenweg Richtung Häusern, durchfahren in zwei lang gezogenen Kurven den Mischwald, bis wir über Hochweidengelände leicht zum Ortsrand ansteigen. Wir treffen auf den Weg Abendweide, biegen hier rechts ab und folgen der Straße bis zur Ortsdurchfahrung B500. Diese überqueren wir und radeln links aus Häusern hinaus, bis wir kurz vor dem Ortsende rechts die Straße Schwand

den Berg hinab nehmen. Nach dem Ende der Wohnbebauung nehmen wir den Schwarzabruckweg, halten uns zunächst links bergabwärts und in der ersten Spitzkehre rechts auf dem Bruckhölzleweg, der uns hinab zum Schwarzasee bringt.

Der uralte und einsam gelegene Windberghof (links) im gleichnamigen Tal, an dessen Ende sich der Windberg-Wasserfall (rechts) befindet

Zurück zum Schluchsee Wir folgen der Straße links am Stausee entlang und durch das Gelände des Pumpspeicherkraftwerks, überqueren die kleine Schwarzabrücke und biegen sofort nach der Brücke links in den Schwarzatalweg ein. Dieser führt uns entlang der Schwarzaschlucht stetig moderat bergauf, bis wir wieder die B500 erreichen.

Hier noch einmal die Fernstraße queren und gegenüber die Straße Eisenbreche hinauf nach Blasiwald-Eisenbreche nehmen, die wir schon von der Herfahrt kennen. Danach über den Weg An der Staumauer hinauf zum Schluchsee radeln und dort rechts über die Staumauer zum Ausgangspunkt zurückfahren.

Windbergtal und Windberghof

Ein wildromantisches Hochtal oberhalb von St. Blasien, hangabwärts durchflossen vom Windbergbächle, das an der Wander- und Radweg-Kreuzung am unteren Ende des Tals als Wasserfall durch den Bannwald abläuft. Dominiert wird das Tal vom alten, mächtigen Windberghof. Seine Hofstelle lässt sich in alten Schriften bis ins 16. Jahrhundert zurückverfolgen, als er dem Kloster St. Blasien gehörte, ehe er 1806 in Staatsbesitz überging. Vor 20 Jahren übernahm eine Familie als Aussteiger den angeschlagenen Hof vom Land Baden-Württemberg, sanierte und renovierte in bewundernswerter Eigenleistung und hält auf dem großen Gelände artgerecht Pferde, Rinder und vor allem Ziegen. Auch Hütehunde werden dort herangezogen und ausgebildet. Der zertifizierte Bio-Betrieb produziert Käse, Fleisch und Wurst, die regelmäßig auf dem Markt in St. Blasien angeboten werden. Der Windberghof vermittelt heute außen wie innen ein Erscheinungsbild, wie es sich sonst nur noch auf Museumshöfen bietet, und dient gelegentlich auch als authentische Kulisse bei Film- und Fernsehdokumentationen (www.windberghof.de).

Zugabe

Als eingefleischter Mountainbiker, *der ich seit vielen Jahren bin, war die Annäherung an das Thema E-Bike zunächst von ziemlicher Skepsis und Vorurteilen geprägt. So nach dem Motto: »Das ist doch bloß was für alte, unsportliche Leute!« Ich hingegen liebe die Bike-Strecken im Schwarzwald, die Anstiege wie die Abfahrten, die langen, geschwungenen Waldwege an den Hängen genauso wie die wurzel- oder steinübersäten, rumpeligen Trails.*

Mit zunehmendem Alter hat es mich dann doch immer wieder gefuchst, wenn die Anstrengung schon nach 25, 30 harten Kilometern in den Waden, den Oberschenkeln und im Rücken zu spüren war, oder mir meine Söhne bergauf mir nichts dir nichts davonfuhren. Beim Fahrradhändler meines Vertrauens habe ich mir schließlich vor fünf Jahren für ein langes Wochenende heimlich ein E-Mountainbike ausgeliehen – um zu testen, wie Mensch und Maschine miteinander auskommen.

Was soll ich sagen: *Nach den ersten 50 Kilometern wollte ich gar nicht mehr absteigen, so angetan war ich von der Möglichkeit, an Steigungen die Hilfe des Elektromotors in Anspruch zu nehmen und meinen Tourenradius ordentlich auszudehnen. Plötzlich waren 60- oder 70-Kilometer-Touren im Schwarzwald easy machbar, ohne am Tourende nach einem Sauerstoffzelt oder zumindest einem Physiotherapeuten zu verlangen.*

Heute will ich mein E-Mountainbike längst nicht mehr missen *und hoffe, Sie haben beim Abstromern meiner Tourenvorschläge genauso viel Freude wie ich beim Zusammenstellen dieses Schwarzwald-E-Bike-Führers.*

Herzlich

Register

A
Achkarren 110, 115
Ahornloch 148
Albtal 116
Altensteig 46, 51
Aquae Villae 138
Aussichtspunkt Alter Mann 138
Aussichtspunkt Kaltenbronner Jägerschaukel 37
Aussichtsturm Himmelsglück 31
Aussichtsturm Schwanner Warte 39

B
Badenweiler 134, 139
Bad Liebenzell 30, 33
Badruine Aquae Villae 138
Bad Wildbad 17, 21, 36
Bahnhof Feldberg-Bärental 144
Bähnle-Radweg 121, 143
Baumwipfelpfad 21
Berneck 51
Blackforest Flying Fox 31
Blackforest Flyline 31
Blasiwald 152
Blauen 134
Bonndorf 120, 123
Bonndorfer Bähnle 120
Brandenkopf 70
Brandenkopfturm 73
Brandstetter Kapelle 86
Breitnau 76, 81
Bühl 22
Burgbachfelsen 108
Burgbach-Wasserfall 108
Burg Bad Liebenzell 30
Burg Berneck 49
Burgruine Badenweiler 137
Burgruine Hornberg 96
Burgruine Windeck 24
Burkheim 115
Butterhütte 19

C
Calw 52, 56

D
Dobel 34, 39
Dreifürstenstein 44
Durbach 64, 69, 100, 104

E
Eichelspitze 114
Enzklösterle 20
Enztal 2, 5, 16, 28, 32, 35, 49
Eyachtal 34

F
Fahrenberg 80
Feldberg 130
Feldbergpass 92, 124, 126
Feldbergturm 133
Feldsee 92
Fischerbach 70, 74
Flößerdenkmal 49
Forbach 61
Forbach-Hundsbach 40
Forstliches Arboretum Liliental 112
Freibad Kappel 143
Freilichtmuseum Klausenhof 150
Freilichtmuseum Vogtsbauernhof 99
Freiwaldkapelle 148

G
Gaggenau 63
Gedächtnishaus Fohrenbühl 97
Gengenbach 64, 67
Gernsbach 36, 59
Gertelbach-Wasserfälle 27
Grafensprung 63
Grindensattel 41
Gutach 94

H
Hansjakob-Museum Haslach 72
Haslach 71
Hausach 71
Heimat- und Grimmelshausen-Museum Oberkirch 104
Hermann Hesse 52
Herrischried 146, 151
Hinterzarten 88
Hirschbach 20
Hochfirst 140
Hohlohturm 18
Holzbrücke Forbach 60
Hornberg 96
Hornisgrinde 40
Hornisgrindeturm 42
Hotzenhaus 150
Hotzenwald 146
Hundsbach 45

I
Ibach 149
Ibacher Friedenskreuz 149

K
Kaiserstuhl 110
Kaiserstühler Herz 110
Kaltenbronn 2, 16, 17, 18
Kappel 140
Katz'scher Garten 59
Kinzigtal 70, 95
Kirnbach 97
Klausenbachviadukt 122
Kloster Hirsau 54
Klosterruine Bad Herrenalb 38
Kniebis 106

Knöpflesbrunnen 130, 133
Krokuswiesen Zavelstein 57

L
Lenzkirch 122, 142
Lothardenkmal 82, 84
Lützenschlucht Wildberg 50

M
Menzenschwand 124, 126
Monbachtal 33
Mondhalde 114
Monhardter Wasserstube 48
Mooskopf 86
Moosturm 85
Mösbach 104
Mummelsee 42
Murgtal 58

N
Nagold 46, 52
Nagoldtal 28, 46
Naturfreundehaus Kornebene 67
Naturschutzgebiet Kaltenbronn 36
Naturschutzgebiet Wild- und Hornsee 20
Notschrei 132

O
Oberharmersbach 75
Oberibach 150
Oberkirch 102
Oberkollbach 55
Oberreichenbach 55
Ortenau 64, 82
Ospelehof 92

P
Palais Thermal Bad Wildbad 20
Pforzheim 29

R
Rankmühle St. Märgen 78
Rastatt 59, 63
Remetschwiel 116, 119
Ritterhof Kirnbach 97
Rohrhirschmühle Altschweier 26
Rotenbachtal 39
Ruine Schauenburg 102

S
Saiger Höhe 90, 144
Sandsee 45
Schinkenmuseum 133
Schloss Bonndorf 123
Schloss Bürgeln 136
Schloss Eberstein 63
Schloss Neuenbürg 32
Schloss Ortenberg 66
Schloss Staufenberg 86
Schluchsee 91, 124, 127, 152
Schmuckmuseum Pforzheim 32
Schönbronn 50
Schönmünzach 61
Schönste Weinsicht 105
Schwanner Warte 34
Schwarzasee 124, 154
Schwarza-Talsperre 128
Schwarzwalddom 129
Schweinbachtal 54
Seibelseckle 42
St. Blasien 124, 129
Stephanswasen 37
St. Märgen 76, 79
Stübenwasen 132

T
Thurnerpass 80
Tiefenhäuser Moor 118
Tiefenhäusern 118
Titisee 89, 140, 145
Titisee-Neustadt 120, 140
Todtnauberg 132
Todtnauer Hütte 132

U
Unimog-Museum Gaggenau 62
Unteralpfen 119
Unterstmatt 42

V
Vogelsangpass 113
Vogtsburg 110

W
Waldulmer Weinblick 103
Weißer Dom 129
Wildberg 46, 50
Wildline Hängebrücke 21
Wildseemoor 2, 16, 36
Windberghof 155
Windbergtal 126, 155
Windgfällweiher 90
Winzergenossenschaft Achkarren 115
Wittemlehütte 154
Wolftal 106

Z
Zell am Harmersbach 74
Zwieselberg 108

Impressum

Verantwortlich: Sabine Klingan
Lektorat, Redaktion und Satz: mcp concept GmbH
Repro: LUDWIG:media
Kartografie: Bruckmann Verlag GmbH, Heidi Schmalfuß
Herstellung: Bettina Schippel
Printed in Turkey by Elma Basim Yayin ve

★★★★★

Sind Sie mit diesem Titel zufrieden? Dann würden wir uns über Ihre Weiterempfehlung freuen. Erzählen Sie es im Freundeskreis, berichten Sie Ihrem Buchhändler, oder bewerten Sie bei Onlinekauf. Und wenn Sie Kritik, Korrekturen, Aktualisierungen haben, freuen wir uns über Ihre Nachricht an Bruckmann Verlag, Postfach 40 02 09, D-80702 München oder per E-Mail an lektorat@verlagshaus.de.

Unser komplettes Programm finden Sie unter www.j-berg-verlag.de

In diesem Buch wird aus Gründen der besseren Lesbarkeit das generische Maskulinum verwendet. Weibliche und anderweitige Geschlechteridentitäten sind dabei ausdrücklich mitgemeint, soweit es für die Aussage erforderlich ist.

Empfehlung der Redaktion
Sie sind auf der Suche nach weiterführender Literatur? Dann empfehlen wir Ihnen den Titel »Die Radel-Bucket-List Baden-Württemberg« von Dieter Buck. Oder Sie werfen einen Blick in die Zeitschrift *Schöner Südwesten*. Hier werden Sie bestimmt fündig.

Bildnachweis: Uli Weissbrod (S. 2, 4, 6, 11, 69, 77, 80, 81, 83, 84, 90, 98, 99, 103, 104, 105, 114, 117, 119, 121, 122, 141, 142, 143, 144, 145, 148, 155); Jürgen Schwitzkowski (S. 9, 15, 79, 91, 131, 138, 141, 156); EAK PR (21); Pixabay (S. 41, 42, 53, 59, 111); Naturgarten Kaiserstuhl, PLittner (S. 113, 115); Hochschwarzwald Tourismus (S. 78, 89, 93, 128, 133, 155); Schwarzwald Tourismus (S. 39, 134, 137); Stadt Hornberg (S. 96); TMBW Düpper (S. 121); Tourismus Bad Rippoldsau (S. 3); Tourismus Baiersbronn, Ulrike Klumpp (S. 58); Tourismus Bühl (S. 25); Tourismus Dachsberg, Dirk Döbele (S. 146, 149); Tourismus Hotzenwald (S. 147); Tourismus Mittlerer Schwarzwald, Dieter Wissing (S. 72), André Riehle (S. 75); Tourismus Nördlicher Schwarzwald (S. 17, 49); Tourismus Oberharmersbach (S. 71); Tourismus Schömberg (S. 3, 31); Tourismus Wolfach (S. 97); Tourismus Seebach (S. 43). Creative Commons-Lizenzen: CC BY-SA 2.0 Gillyberlin (S. 7); Sascha Kuhnle (S. 57); Achim Renchtal (S. 101); rboed (S. 107). CC BY-SA 3.0 Thomas Berwing (S. 139, 152); RalfGB (S. 23, 35); Dg-505 (S. 50); Harke (S. 34); MHikeBike (S. 61); Stefan Karl (S. 19, 30, 47, 94, 102); Martin Kraft (S. 61); Jörgens.mi (S. 123); Frank C. Müller (S. 27, 45); ptwo (S. 29); qwesy qwesy (S. 33, 36, 56); Ramessos (S. 86, 114); MSeses (S. 56); SchiDD (S. 37, 38); Frank Vincentz (S. 44, 48, 52, 60); Kathrin Welte (S. 24). CC BY-SA 4.0 Gunnar Arndt (S. 51); CatalpaSpirit (S. 13); Funchfun (S. 73); GHerryX-E1(S. 55); Gerd Eichmann (S. 27, 62); H.Helmlechner (S. 129); Herzog w (S. 44); Jürgen Mönch (S. 18); Matthias Nonnenmacher (S. 85); PantaRhei (S. 109, 125, 127, 151); pjt56 (S. 21); Holger Uwe Schmitt (S. 65, 83, 87); Stefanrevollo (S. 67); TdL (S. 135); Autorenfoto (Klappe): Jürgen Schwitzkowski
Umschlagvorderseite: Mit dem E-Bike unterwegs (shutterstock/Umomos)
Umschlagrückseite: Steinernes Kreuz bei Wehrhalten mit Ausblick auf die Berner Oberalpen (Tour 24)

Die Deutsche Nationalbibliothek verzeichnet diese Publikation in der Deutschen Nationalbibliografie; detaillierte bibliografische Daten sind im Internet über http://dnb.d-nb.de abrufbar.

ISBN 978-3-86246-996-3